ZEN IN DER KUNST
DES TEE-WEGES

茶道

HORST HAMMITZSCH

ZEN
IN DER KUNST
DES TEE-WEGES

OTTO WILHELM BARTH VERLAG

*Dies ist eine verkürzte Neuausgabe des früher unter dem
Titel Cha-dô, der Tee-Weg erschienenen Buches.
Auf den vor allem auf die zitierten Textstellen eingehenden
Anmerkungsapparat der ersten Ausgabe
– er war als japanologische Orientierungshilfe gedacht –
ist hier bewußt verzichtet worden.*

Sechste Auflage 1988

INHALT

VORWORT

Es ist der Begriff »Weg«, der im kulturellen und geistigen Schaffen Japans im Mittelpunkt steht. Er ist die Richtschnur für all die vielgestaltigen Künste des Insellandes, zu welchen auch die Ausübung des zeremoniellen Teetrinkens gehört. Der Weg ist die Tradition einer Kunst. Ohne Weg gibt es für den Ausübenden einer Kunst kein Weiterschreiten.

Japan besitzt der Wege viele. Und zu ihnen gehört auch der Tee-Weg, *chadô* oder *sadô*, dem wir uns hier zuwenden wollen. Schon in alter Zeit forderten Erziehung und Bildung, sich auf irgendeinem Wege zu betätigen, einen solchen zu praktizieren, ein Mann eines Weges, *michi no hito*, zu werden. War der Weg zunächst nicht mehr als eine Kunstfertigkeit, die man sich durch eifriges Praktizieren unter einem Meister aneignen konnte, so änderte sich dies im Mittelalter und ein bedeutsamer Wandel trat ein. Man sucht im Wege jetzt nicht nur bestimmte Fertigkeiten, man findet jetzt auch Allgemeingültiges, Wahrheiten, Lehren darin, die dem Nicht-Fachmann, dem Laien etwas geben konnten. Der Weg wurde zu einem Bildungsmittel für den Menschen überhaupt. Da der Weg eine Tradition darstellt, viele Generationen durchläuft und an weitere Generationen übergeben wird, enthält er eine Summe von Einzelerfahrungen, die sich vom Praktischen her ergeben haben und somit für das weitere Praktizieren des jeweiligen Weges von gleichbleibender Wichtigkeit sind. Tradition im japanischen Sinne ist nicht das Weitergeben von etwas Abgeschlossenem, Vollendetem, das ein Meister geschaffen hat. Tradieren heißt, den Meister in seiner Ganzheit weitergeben, diese Ganzheit »nachleben«. Nicht allein das bereits Ausgereifte eines Weges wird tradiert, auch das Nicht-Reife, das noch Wachsende ist in der Tradition eingeschlossen. Gerade dieses ist für die Fortentwicklung des Weges von Wichtigkeit, denn es gehört zur Ganzheit des Weges, zu der ein Lernender, ein Schüler, nur hinfinden kann, wenn er die Stufen kennenlernt, die zu dieser Ganzheit hinanführen.

Diese Ansicht spielt bei dem Erlernen der Künste, *gei*, eine bedeutsame Rolle. Der Begriff Künste ist hier im ostasiatischen Sinne aufzufassen, und zu den Künsten gehört all das, was von Wert ist, den Charakter eines Menschen zu entwickeln, sein Selbst einer Vollendung nahezubringen, handwerkliche und geistige Fähigkeiten gleichermaßen zu formen und dadurch den Menschen zur Reife gelangen zu lassen.

Ein Lernender auf einem Wege muß sich zunächst streng an die Tradition halten, mit anderen Worten also an die von Generation zu Generation überlieferte, verdichtete Erfahrung eines Weges, die sich in der Form des konkreten Vorbildes oder im mündlichen Weitergeben oder aber auch in schriftlicher Überlieferung darstellt. Ihm wird keine Freiheit gestattet. Die persönliche Freiheit eines selbstschöpferischen Wirkens wird sogar verneint, da sie nicht die wahre Freiheit ist, die man erstreben muß. Erst wenn der Lernende seine Willkür bezwungen, sein Selbst geschult hat, also das Überlieferte in seiner Ganzheit nachgelebt, dann erst vermag er zu erkennen, was Ewigkeitswert hat für den jeweiligen Weg. Jetzt hat er die Reife erlangt und darf an eigene Schöpfungen herangehen, die zu diesem Zeitpunkt von selbst aus ihm heraustreten.

An dem Entstehen eines solchen Weg-Bewußtseins in Japan wirkten die verschiedensten Kräfte mit, unter ihnen in einem ganz besonderen Maße die starken Impulse, die von der Zen-Lehre ausgingen. Es war vor allem die Zen-Lehre, die das geistige Gesicht der verschiedenen Wege und deren innere Gestaltung prägte. Man darf den Einfluß des Zen-Geistes bei den Wegen, die ihre eigentliche Entwicklung von der Kamakura-Zeit her fanden – und dazu gehört ohne Zweifel der Tee-Weg – als das formende Element betrachten. Ein Ausdruck wie *chazen-ichimi:* Tee-Weg und Zen sind eine Einheit, weist auf die enge bestehende Verbindung deutlich genug hin. Die Meister des Tee-Weges standen fast alle in enger Bindung zum Zen. Sein Einfluß erst ließ den Tee-Kult zu einem Tee-Weg werden. Strenge Selbstzucht und eine Weitergabe der Erfahrungen von Geist zu Geist, *ishin-denshin*, kann dem einzelnen allein auf seinem Wege helfen.

Ein jeder der japanischen Wege müht sich, in das Wesen des Ewigen einzudringen, die All-Einheit zu erleben. Das aber gelingt nur, wenn der danach Strebende auf seinem Wege das Selbst aufgibt, die Selbstlosigkeit, *muga,* erlebt und die Leere, *kû.* Es ist die Stille, die so tief ist, daß sie klingt, und deren Aufklingen den Lauschenden plötzlich die All-Einheit erleben läßt, wenn er die Reife erlangt hat. Und eine solche Stille beherrscht auch den Tee-Weg, der in seiner letzten Erkenntnis nichts anderes birgt als den Weg zum Selbst. Wer auf diesem Weg die Reife erlangt hat, durch strengste Selbstzucht das Ziel handwerklichen Könnens erreicht hat, der erlebt im engen, leeren Teeraum die wahre Freiheit, die größer ist als die der kleinen persönlichen Willkür. Er erlebt die Freiheit eines Menschen, der sich von allen Dingen gelöst hat, die auch nur im geringsten dem Ich, dem Seienden verhaftet sind.

Und wenn im Japan der Gegenwart der Tee-Weg noch immer einen gewichtigen Platz einnimmt, dann hat das seinen Grund wohl gerade darin, daß auch in Japan der Mensch heute in einer Zeit lebt, die auf so vielen Lebensgebieten die »Mitte« verloren hat, deren Menschen aber den Wunsch zur »Stille« in sich tragen. Und dahin weist ihnen der Tee-Weg einen Pfad, den zu beschreiten sich lohnt, auch wenn er nur schmal und schwer zu begehen ist. Er führt zur Selbstentdeckung des Menschen. Der Großmeister Rikyû hat einmal ausgesprochen: »Die Kunst des Tee-Wegs besteht einfach darin, Wasser sieden zu lassen, Tee zu bereiten und ihn zu trinken.« Wie leicht, wie einfach das klingt. Und doch finden nur wenige Menschen den Weg, das Leben zu »erleben«, den Dingen nicht mehr verhaftet zu sein, sich dem »Etwas« hinzugeben, darin aufzugehen ohne einen Gedanken und ohne Angst vor den Dingen des Außen, des Daneben. Zu begreifen, daß »das Eine in Allem und das All in Einem« ist, daß weder das Eine noch das All verschieden sind; das ist das letzte Erlebnis dieses Weges.

Aber es ist eine große Kunst, »unvollendet vollendet zu sein«, oder, um das Wort eines alten Zen-Meisters zu gebrauchen, nicht auf den weisenden Finger zu schauen, wenn man den vollen Mond bewundern will.

ZUR EINFÜHRUNG

> Wer den Mitmenschen kennt, ist
> ein Wissender; wer sich selbst
> kennt, ist ein Weiser. *Tsung-mi*

Um das dritte Jahr meines Japanaufenthaltes
herum war es, da fand ich zum ersten Male Berührung mit dem Tee-Weg, der Lehre vom Tee, *chadô*.
Ich erhielt eine Einladung zu einer *chakai* im Hause
eines bekannten Tee-Meisters in Nagoya, zu einer
Tee-Gesellschaft. Ich selbst hatte mich noch nicht
mit der Ausübung dieser zeremoniellen Form des
Teetrinkens beschäftigt, objektiv konnte ich also
dem ersten Erlebnis entgegentreten. In meinem Tagebuch finden sich die folgenden Aufzeichnungen:
Ein wundervoller Herbsttag, hoch und klar der
Himmel, leuchtend in ihrem tiefen Rot die Blätter
des Zwergahorns. Das gelbe Laub der Gingko-
Bäume, die den Garten gegen eine Hügelkette abschließen, strahlt noch die Wärme des sich neigenden Tages wider. Ich habe den Vorhof des Hauses,
den eine weißgetünchte, mit blaugrauen Ziegeln abgedeckte Mauer abschließt, verlassen und folge
einem mit großen, runden und dunkelfarbenen Kieseln belegten Weg. Dann trete ich durch eine aus
Bambus geflochtene Pforte in den Garten. Hier verhalte ich meine Schritte. Ist dieser Garten wirklich
eine von Menschenhand geschaffene Welt? Eine bezaubernde Landschaft ist er, wie man sie in den Kü-

stentälern der japanischen Inseln findet, eine Landschaft, die alle Eigenarten dieser Täler widerspiegelt. Man vermeint in der Ferne das Rauschen des Meeres zu hören, dem Spiel des Seewindes in den Zweigen uralter Kiefern zu lauschen.

Ich folge dem Pfad, und er führt zu einer einfachen, schindelgedeckten Hütte, die sich eng einem Bambushain anschmiegt. Dunkelgrünes Moos quillt zwischen den Schindeln hervor. Eine verschwiegene Heimlichkeit atmet der Platz. Ich bin der erste Gast, der dieses Wartehäuslein – *machiai* – betritt. Hier werde ich mit den anderen Gästen, die mein Freund, der Tee-Meister, geladen hat, zusammentreffen, um dann gemeinsam die Tee-Zeremonie, *chanoyu*, zu erleben.

Das Wartehäuslein ist nach der Gartenseite hin offen. Eine einfache Bambusbank steht darin. Ein paar aus Stroh geflochtene Sitzkissen liegen darauf. Daneben steht ein Rauchzeug. Ich setze mich nieder und schaue in den Garten hinaus. Da und dort stehen Steingruppen, Moos und Zwergbambus wuchern dazwischen. Buschen wilder Feldastern lassen ihre weißen, lila und dunkelroten Blütensterne zwischen den Stämmen der Bäume leuchten. Ein schmaler Wasserlauf läßt sein kristallklares Wasser munter über bunte Kiesel eilen, ein Sinnbild der Vergänglichkeit alles irdischen Seins. Im milden Herbstwind neigen sich die Rispen des Pampasgrases. Hinter schon herbstlich gelichtetem Laubwerk der Büsche verrät kunstvoll-einfaches Holzwerk das Dasein einer kleinen Brücke. Ein Bild stiller Einsamkeit, weltabgewandter Beschaulichkeit – dieser Garten!

Bald erscheinen auch die anderen Gäste. Vier an der Zahl kommen noch. Ein alter Gelehrter würdiger Haltung, ein bekannter Maler mit seiner Frau und ein Kaufmann, der ob seines feinen Geschmacks als Kunstsammler einen Ruf genießt. Mit einem tiefen Neigen des Oberkörpers begrüßen wir uns. Der Worte werden nur wenige gewechselt. Wohl fällt hier und da ein Lob über die Anlage des Gartens, über die Schönheit der herbstlichen Farben, über den gewählten Geschmack unseres Gastgebers. Zumeist aber verharren wir in einem schweigenden Genießen, das diese Stunde zu einer solchen innerer Sammlung werden läßt, deren Feierlichkeit durch das sanfte Rauschen der sich im Winde bewegenden Bambusblätter nur noch vertieft wird.

Das gastfreie Haus meines Freundes, in dem ich schon so oft unterhaltende und fröhliche Stunden verlebte, erscheint mir heute nicht wie sonst. Die großen Eingangspforten hatten sich nicht geöffnet. Die Schar der Dienstboten stand nicht wie üblich zum Empfang der Gäste bereit. Allein der alte Hausmeister in einem feierlich dunkelfarbenen Kimono hatte mich heute empfangen und fast ohne ein Wort des Grußes zu der kleinen Seitenpforte geleitet, die den Pfad nach dem Wartehäuslein öffnet. Dort verabschiedete er sich mit einer stummen Verbeugung und zog sich zurück. Und der Gast folgt allein und ungeleitet dem schmalen Pfad, der durch die Schönheit des Gartens hin zu dem einsam-verschwiegenen Warteplatz führt. Und ein jeder Schritt in die Tiefe des Gartens läßt die Alltagswelt, ihre Hast und Geschäftigkeit, in unserem Herzen verdämmern. Man schreitet in eine Welt hinein, die frei von alltäglichen Bedrängnissen ist, vergißt das Woher und forscht nicht nach dem Wohin. Je tiefer man in den Garten hineinschreitet, hinein in diese Welt ernster Beschaulichkeit, desto freier wird man von den Sorgen des Alltags. Auch die anderen Gäste scheinen andere Menschen geworden zu sein. Der sonst so stille Gelehrte ist aufgeschlossener, der Maler ohne die kraftvolle Neigung zu kunstkritischer Streiterei und der Kaufmann ohne Sorge um geschäftswichtige Abschlüsse. Sie alle haben Dinge, die sonst vom frühen Morgen bis zum späten Abend des Alltags von ihnen Besitz ergreifen, vergessen, abgestreift und ergeben sich vorbehaltlos dieser Welt der Stille, der inneren Freiheit.

Nach einer Weile des Wartens erscheint auf dem Pfad, der aus dem Bambushain herauskommt, unser Gastgeber. Feierlich-ernst schreitet er heran. In einem gemessenen Abstand vor uns Gästen verharrt er, verneigt sich tief. Das ist die Begrüßung, kein Wort, keine andere Bewegung. Dann wendet er sich und kehrt den Pfad zurück. Er ist nunmehr bereit, seine Gäste zu empfangen. Das wollte er damit sagen.

Ein Augenblick der Stille folgt. Dann verbeugt sich der *shôkyaku,* der Hauptgast, gegen die anderen Gäste und folgt dem Gastgeber nach. In unbestimmter Reihenfolge und in kleinen Abständen schließen sich die anderen Gäste an. Ich verlasse als dritter Gast das Wartehäuslein.

Der Pfad durchquert zuerst ein kurzes Stück den Bambushain. Hier schrillen die Zikaden ihr letztes

16

Lied. Dann führt ein Hang den Pfad sanft abwärts. Büsche des Süßklees haben rechts und links des Pfades ihre weißrosa Blüten geöffnet. Kein Gartenweg im europäischen Sinne ist dieser Pfad. Einzelne Steine, in Abständen von Schrittlänge einander folgend, leiten den Gast. *Tobiishi*, Trittsteine, nennt man sie. Zwischen den Steinen wuchert reich grünes Moos und dichtes Shibagras. Andere Pfade kreuzen den unseren. Ein kleiner Stein, jeweils auf einen der Trittsteine gelegt, weist dem Dahinschreitenden, welche Richtung ihm versperrt ist. Diese kleinen Steine, *tomeishi* genannt, sind unüberwindbare Grenzschranken. Langsam folge ich den Windungen des Pfades, hier und da zögernd, um die kunstvoll-natürlich angelegten Ausblicke auf die Gartenlandschaft zu genießen. Sie lassen das Künstliche ihres Seins nicht einmal mehr erahnen. Auf der Brücke überquere ich den Wasserlauf und stehe dann vor einem großen flachen Stein. Ein Becken ist hineingehauen, und aus einem Bambusrohr fließt leise plätschernd frisches Quellwasser zu. Ein einfacher Bambusschöpfer liegt neben dem Becken. Ein wenig entfernt davon erhebt sich eine altersgraue Steinlaterne mit einem sanft geschwungenen, flechtenbehangenen Dach.

Ich hebe den Schöpfer auf, tauche ihn in das Wasser des Beckens, fülle ihn und nehme einen Schluck seines Inhalts, um mir den Mund zu spülen. Den Rest des Wassers lasse ich über meine Hände rinnen. So vollziehe ich symbolisch eine Reinigung. Nun ist auch der letzte Staub jener irdischen Welt, der mir noch anhaften könnte, hinweggespült. Rein und frei kann ich in jene Welt des Tees, jene Welt der Stille eingehen.

Noch ein paar Schritte nur, und da – ich muß verweilen – welch ein Zusammenklang von Kunst und Natur, welch eine unvollkommen-vollkommene Einheit! Da steht er, der *chashitsu,* der Tee-Raum. Ausdruck eines unbenennbaren Geschmacks: kunstvoll und doch nicht künstlich, bewußt erschaffen und doch so rein in seiner Form und so natürlich in seinem Material, daß es dem Auge fast unglaubhaft erscheint. Kann menschlicher Schöpfergeist ein so naturgewachsenes Werk erschaffen? Man könnte den Tee-Raum eine Hütte nennen, wenn er nicht diese außerordentliche Feinheit des Geschmacks zeigte. Ein Strohdach, tief herabgezogen, dick bemoost. Die Dachtraufe – ein halbiertes Bambusrohr. Die Wände halb mit Schilfgeflecht verkleidet, halb mit Lehm beworfen. Der Eingang eine niedere Schiebetür mit Reispapier von makelloser Weiße bespannt. Davor der Schwellenstein.

Gebückt schlüpfe ich in den Tee-Raum, schreite langsam auf die Bildnische – *tokonoma* – zu, die der Tür schräg gegenüber liegt, lasse mich davor auf die Knie nieder und verbeuge mich tief nach dem Boden hin. Dann betrachte ich die in der Nische stehende Blumenanordnung. In einer Bambusvase ein Zweig roter Beeren vor herbstlich gefärbtem Laub, an dem noch, Tautropfen gleich, Wasserperlen hängen. Danach verbeuge ich mich wieder leicht, erhebe mich und suche mir meinen Platz neben dem vor mir gekommenen Gast. Die Gäste sitzen mit dem Rücken gegen die mit weißem Reispapier bespannten Schiebetüren, die den Tee-Raum nach dem Garten zu abschließen.

Der Gastgeber erscheint erst, wenn die Gäste vollzählig versammelt sind. So bleibt mir Muße, den Raum zu betrachten. Vier und eine halbe *tatami*, mit einem feinen Binsenbezug abgedeckte Reisstrohmatten, bedecken den Fußboden und normen gleichzeitig die Größe des Tee-Raums auf ungefähr drei Meter im Quadrat. Die Blumen in der *tokonoma* bilden den einzigen Schmuck. In der Mitte des Raumes ist ein Stück *tatami* ausgespart. Dort befindet sich die mit dunklem Holz eingefaßte Feuergrube. Ein Kegel fein zusammengebürsteter Asche verhüllt darin zur Hälfte die glühenden Holzkohlen. Auf einem Dreifuß steht ein schwerer eiserner Kessel über dem Feuer, dessen Farbton ein hohes Alter verrät. Auf einem kleinen Standbrett sehe ich einen Weihrauchbehälter und eine kleine Fegefeder liegen. Sonst ist der Raum schmucklos. Es sei denn, man betrachtet die gewählte Maserung des Holzwerks, das die dunklen Wandflächen abteilt, und die hölzerne Deckenverkleidung als Schmuck.

Als wir Gäste eine leise Unterhaltung beginnen, ein Zeichen, daß wir mit unseren Betrachtungen zu einem Ende gekommen sind, betritt der Gastgeber den Tee-Raum. Er kommt durch eine Schiebetür, welche den der Vorbereitung zur Tee-Zeremonie dienenden Raum, den *mizuya*, abtrennt, herein. Niederkniend verneigt er sich tief vor seinen Gästen. Dann verschwindet er wieder durch die Tür, um sofort mit verschiedenem Gerät, einem Korb mit

Holzkohle, Aufheberingen, den Kessel vom Feuer zu heben, und anderen Dingen wiederzukehren. Auch eine Schale, welche feine Asche enthält, bringt er herein. Dann läßt er sich an der Feuergrube nieder, hebt den Kessel vom Feuer, richtet das Feuer neu und häuft von der Asche um die Kohlen auf. Auch Weihrauch streut er in das Feuer. Wir alle sind während seines Tuns näher an die Feuerstelle herangerückt und haben aufmerksam zugeschaut. Nun begeben wir uns auf unsere alten Plätze zurück. Der Hauptgast bittet den Tee-Meister, das Weihrauchgefäß näher betrachten zu dürfen. Dieser bringt das Gefäß zum Platz des Gastes und setzt es bedachtsam auf sein *fukusa*, ein kleines, braunseidenes Tuch, nieder. Dieses Tuch spielt bei der Betrachtung von Teegerät als Unterlage eine wichtige Rolle. Der Hauptgast entfaltet sein eigenes *fukusa*, es zeigt sattes Lila, und nimmt das Gefäß auf sein Tuch herüber. Dann betrachtet er es eingehend, und anschließend geht es von Gast zu Gast, bis der letzte es dem Gastgeber dankend zurückreicht. Dieser begibt sich wieder in den *mizuya*, um nach seiner Rückkehr anzukündigen, daß das »einfache Mahl« nunmehr aufgetragen wird. Fünfmal bringt er je ein einzelnes Tablett, einem jeden Gast der Reihe nach eins. Die Zahl der Gänge ist geringer als bei einem der üblichen japanischen Festmähler, aber dafür sind die Speisen von ausgewählterer Qualität und mit feinstem Geschmack angerichtet. Auch das Eßgeschirr verrät einen erlesenen Geschmack. Mit einer leichten Verbeugung empfangen wir die Tabletts und nehmen sie mit beiden Händen vom Gastgeber entgegen. Das Getränk ist heißer *sake,* Reiswein. Zum Abschluß werden Süßigkeiten gereicht. Damit ist das Tee-Mahl, *kaiseki,* beendet. Mit einer Verbeugung bittet der Gastgeber seine Gäste, sich ein wenig auszuruhen, und zieht sich zurück. Wir verlassen in der gleichen Reihenfolge unseres Kommens den Tee-Raum, nachdem wir uns nochmals vor der *tokonoma* verneigt haben, und begeben uns nach dem Wartehäuslein zurück.

In dem Wartehäuslein beginnt ein Gespräch, und der eine oder andere Gast zündet sich wohl auch eine Zigarette oder eine kleine japanische Pfeife an. Doch nach kurzem Warten schon klingen Gongschläge vom Tee-Raum herüber – eindringlich, langanhaltend, fünf an der Zahl. Unser Gespräch verstummt beim ersten Schlag und macht einer stillen Feierlichkeit Platz. Man fühlt sich in einen Zen-Tempel versetzt, der irgendwo in einer Bergschlucht verschwiegen steht. Weihevoll ist die Stimmung.

Auch jetzt schreitet der Hauptgast als erster den Pfad zum Tee-Raum zurück. Wir anderen folgen in der gleichen Reihe wie vorher. Zwischen den Steinen und am Wege stehen hier und dort kleine Bambuslaternen, denn die Dämmerung hebt an. Am Wasserbecken übt ein jeder nochmals die Reinigungszeremonie und betritt dann wieder den Tee-Raum.

Dort haben die Blumen in der Bildnische einem Hängebild Raum gegeben. Es stellt einen Besen aus Bambusreisern dar und ist eine einfache Schwarzweißzeichnung. Über dem Feuer der Feuergrube summt das Wasser im Kessel leise. Auf den *tatami* stehen am vorgeschriebenen Platz ein *mizu-sashi*, ein Gefäß für das Wasser, und die *cha'ire*, die Tee-Büchse. Wenn alle Gäste anwesend sind, erscheint der Tee-Meister. Er trägt mit beiden Händen die Teeschale. In der Teeschale liegt der *chasen*, der Teeschläger, ein aus Bambus gearbeiteter Pinsel, und das *chakin*, ein weißes, schmales Leinentuch. Quer über der Teeschale liegt der Teelöffel, *chashaku*. Beim zweiten Hinausgehen bringt er einen Wasserbehälter für gebrauchtes Wasser, *koboshi*, die Wasserschöpfkelle, *hishaku*, und die Deckelstütze, *futa'oki*, für den heißen Deckel des Wasserkessels. Der Teeschläger, das weiße Leinentuch und die Wasserschöpfkelle sind neu und leuchtend frisch. Das andere Teegerät weist ein hohes Alter auf und zeugt von einem hochentwickelten künstlerischen Geschmack. Der Meister setzt sich in der vorgeschriebenen Haltung nieder, und die eigentliche Zeremonie beginnt. In einer genau festgelegten Folge von Handgriffen und Bewegungen werden die einzelnen Geschehnisse in ihrer Aufeinanderfolge ausgeführt. Das Falten des Teetuches, das Halten des Wasserschöpfers, das Ausspülen der Teeschale mit heißem Wasser, das Öffnen der Teebüchse, das Abklopfen des Teelöffels, die Bewegungen des Teeschlagens – traditionell ist all dies festgelegt und wird streng nach den Regeln der jeweiligen Schule vollendet.

Während sich der Gastgeber der ersten Zubereitung zuwendet, nimmt der erste Gast von den angebotenen süßen Kuchen und reicht den Kuchenbehälter in vorgeschriebener Form an den nächsten

Gast weiter. Dann stellt der Gastgeber die Schale mit dem geschlagenen, dicken grünen Tee vor dem Gast nieder. Es folgen gegenseitige Verneigungen und auch eine solche des ersten Gastes gegen den neben ihm sitzenden nächsten, gleichsam Entschuldigung erbittend, daß er vor ihm trinkt. Erst dann nimmt er die Teeschale, stellt sie auf die Fläche der linken Hand und stützt sie mit der rechten. Er nimmt einen Schluck, einen zweiten und einen dritten, jedesmal die Schale leicht schwenkend. Mit einem dünnen weißen Papier fährt er dann reinigend über die Stelle des Randes, von der er getrunken hat, und gibt die Schale dem nächsten Gast weiter, wobei wieder die nötigen Verbeugungen gewechselt werden. Und so geht es reihum. Man lobt den Geschmack des Tees, seine Stärke, seine Farbe und spricht von Dingen, die den Gastgeber mit Freude erfüllen. Jedwedes Gespräch im Tee-Raum verläuft fern von den Alltagsdingen. Man spricht von Malern, Dichtern, Tee-Meistern und ihren Werken, vom Geschmack und der Anschauung verschiedener Zeiten, von auserlesenem Teegerät. Ist die Zeremonie beendet, so bittet der erste Gast, das Teegerät besichtigen zu dürfen. Und nun beginnt eine ins einzelne gehende Besichtigung der Teeschale, der Teebüchse und des Teelöffels. Frage und Antwort geht zwischen Gästen und Gastgeber hin und her. Wir erkundigen uns nach der Herkunft und Geschichte des Teegeräts, nach dem Namen des Künstlers, der es schuf, denn ein jedes gute Stück hat seine ureigene Geschichte.

Die heute gebrauchte Teeschale ist eine einfache,

elfenbeinfarbene Schale mit einer Überlaufglasur eines mattgrünen Tons. Erst als ich höre, daß sie schon seit zweihundert Jahren in der Familie ist, daß ein Vorfahr sie von seinem Lehnsherrn für eine denkwürdige Tat geschenkt erhielt, kann ich den Wert begreifen. Eine selten-schöne Lackarbeit stellt die Teebüchse dar. Der Wert des Teelöffels – ein einfacher, schmaler Bambuslöffel – bleibt mir noch verborgen.

Was blieb mir von dieser ersten Tee-Zeremonie? Sie ließ ein eigenes Gefühl entstehen und erinnerte mich an ein Erlebnis, das ich vor Jahren einmal in der Heimat hatte. Wir waren in Süddeutschland gewandert und besuchten eine der oft einen so eigenen Reiz besitzenden Dorfkirchen. Mit uns war ein Freund, Musiker von Beruf und Berufung. Er setzte sich an die Orgel und spielte Bach. Und plötzlich fühlte ich, wie die Musik die ganze Weite der Kirche erfüllte, wie der Raum schwand und nur noch die Flut der Töne vorhanden war. Auch ich war gleichsam aller Körperlichkeit entblößt, von der Musik aufgesogen. Hier hatte ich ein gleiches Erlebnis. Die Wirkung der Tee-Zeremonie war so stark, daß ein Gefühl der Selbstaufgabe, ein Gefühl des Eins-Seins mit allen anderen, ein Gefühl einer eigenen Zufriedenheit mit mir selbst und der Umwelt erwuchs ...

Soweit die Aufzeichnungen meines Tagebuches. Das erste Begegnen mit dem Teetrinken in dieser Form beeindruckte mich tief. Es wurde Anlaß zu einer weiteren Beschäftigung. Es war nicht so sehr die

Form, die mich interessierte, es war der Gehalt, der sich hinter der Form verbarg. Hier bot sich mir als Japanologe ein Vorteil. Ich konnte die zahlreichen Werke, die sich mit dem Tee, mit der zeremoniellen Art des Trinkens, mit dem Gehalt der eigentlichen Lehre vom Tee, dem Tee-Weg, befaßten, im eigenen Studium erschließen. Und dann hatte ich dazu viele japanische Freunde, die Anhänger des Tee-Weges waren, Anhänger nicht nur im Sinne der Beherrschung seiner Formen, sondern in einem viel tieferen Sinne. Sie suchten wirklich Letztes, Tiefstes. Für sie war die Tee-Zeremonie keine ästhetische Spielerei, nicht Erziehung zur Etikette. Sie waren *chajin*, Tee-Menschen, auch im Herzen.

Aus den Aufzeichnungen meines Tagebuches, auch wenn diese nur ein Bild der äußeren Form jener Zeremonie geben, wird aber eine Tatsache bereits deutlich. Es sind unendlich viele Regeln, die es zu beherrschen gilt, ehe man an die Ausübung einer solchen Zeremonie herangehen kann. Die Regeln stehen untereinander in einer so wohl gebundenen Ordnung, daß sich die eine immer folgerichtig von der vorhergehenden her ergibt, ergeben muß. Die Regeln in ihrer Gesamtheit sind so zahlreich, so umfassend, daß sie beim ersten Blick keinen Raum zu lassen scheinen für eine persönliche Färbung des Tee-Kultes oder der Tee-Zeremonie. Und doch ist das nicht so. Viele Tee-Meister betonen gerade das selbstschöpferische Moment. Wir werden später verstehen, wie sich Selbstschöpferisches aus den Regeln emporhebt und wieder in die Regelgruppen einordnet. Es gibt zahlreiche Beispiele hierfür.

Die wesentlichste Grundrichtung aller Regeln: jedwedes Ding muß in Harmonie zu seiner Umgebung stehen; es muß einfach sein, ohne die ursprüngliche Einfachheit des Dinges zu besitzen; es muß echt sein, das heißt, man muß sein Material, seinen Grundstoff erkennen, es darf nichts vortäuschen wollen. Und so wie die Dinge zu ihrer Umgebung in Harmonie stehen, so müssen sie auch zur Umwelt in harmonischer Beziehung stehen, zu den Jahreszeiten zum Beispiel. Der Winter stellt andere Anforderungen an Feuerstätte, an Wärme und somit an die Formen der Geräte als der Sommer. All diese feinen Abstufungen und Unterscheidungen sind so wohlbegründet. Auch Haltung und Bewegung des Gastgebers und der Gäste folgen solchen Regeln, die hier nicht in Einzelheiten berührt werden sollen. Unsere Fragestellung aber soll sein: Wo führt der Tee-Weg hin? Was ist das letzte Ziel der Lehre vom Tee? Dabei werden wir an manchen Fragen formaler Art nicht vorübergehen können, aber wir wollen uns diesen nur dann zuwenden, wenn sie bestimmend für die innere Haltung sind.

Das wahre Verstehen des Tee-Weges kann nur von der Wurzel her, von seinem Werden und seiner Entwicklung her erlangt werden. Obwohl man in Japan die Sitte des Teetrinkens, auch des zeremoniellen, schon frühzeitig kannte, ist das, was man heute Tee-Weg nennt, mehr als nur die bestimmte Form des Trinkens. Es verkörpert eine ganz eigene Geisteshaltung. Diese läßt sich in ihrer Wirklichkeit nur dann erfassen, wenn man all jene Ursachen aufspürt, die ihren Kern formten, wachsen ließen und im Verlaufe einer langen Reifezeit wandelten. Wir werden dabei nicht alles deuten können, denn gar so manches auf diesem Wege war, um mit den Worten eines Tee-Meisters zu sprechen, »flüchtig wie der Morgentau auf den Halmen der Reispflanzen«.

Der Japaner spricht vom *chadô*, vom Tee-Weg. Es gibt in Japan viele Wege. Es gibt einen Weg der Blumen, einen Weg der Malerei, einen Weg der Dichtkunst und zahlreiche andere. Eine jede der japanischen Künste besitzt ihren eigenen Weg. Welche Inhaltswerte umfaßt nun der Begriff Weg (jap. *michi*, sinojap. *dô*, chin. *tao*)? Diese Frage drängt sich uns als erste auf.

Ein Weg kommt von irgendwo her und führt nach irgendwo hin, sein Ziel ist das Erfassen ewiger Werte, der Wahrheit, *makoto*. Er ist dabei ein strenger Wahrer der Tradition, die in Japan eine weit andere Wertung erfährt als in Europa. Er hält also im japanischen Sinne eine stete Bindung zwischen Vergangenem, Gegenwärtigem und Kommendem aufrecht. Auf dieser Grundlage baut das für die Entwicklung der japanischen Künste so bedeutsame Meister-Schüler-Verhältnis auf. Es kommt darauf an, daß der Schüler zunächst ganz sicher auf den Bahnen der Tradition wandelt. Man lernt in Japan eine der vielen »Künste« ohne viele Worte. Der Meister gibt das Beispiel, der Schüler ahmt es nach. Das geschieht wieder und wieder, über Monate, über Jahre hinweg. Für den lernenden Japaner bedeutet dies bei weitem keine so harte Geduldsprobe, wie es uns scheinen mag. Von Kindheit an ist er durch die Erziehungsmethode darauf vorbereitet. Der Meister sucht in seinem Schüler nichts, keine Begabung, kein Genie. Er erzieht den Schüler nur dazu, das rein Handwerkliche der jeweiligen Kunst vollständig zu beherrschen. Ist dies erreicht, dann wird ein Tag kommen, an dem der Schüler in der Lage ist, das, was sein Herz* formt, vollendet darzustellen, eben deshalb, weil die Frage der Formgebung, der rein technischen Ausführung ihn nicht mehr belastet. Erst wenn das Herz die Reife erlangt hat, entsteht eignes Wirken. Auch die Kunst muß wie jedes Wesen der Natur organisch wachsen, mit Willkür kann sie niemals schaffen.

Ein Beispiel mag diese Lehrmethode veranschaulichen. Eine junge Deutsche studierte in Japan bei dem Meister Morimura Gitô die japanische Malerei. Da sie sich früher mit Bildhauerei befaßt hatte, floß ihr das rein Technische leicht zu. Der Meister erkannte das auch an, ohne jedoch von seinem Wege abzuweichen. Kam sie zum Unterricht, dann ordnete er seine Pinsel, rieb Tusche auf dem Reibstein an, stellte die Farben zurecht und malte ihr ein Bild, ein Motiv, welches sie dann bis zum nächsten Unterrichtstage nachzumalen hatte. So verging Monat auf Monat, Jahr auf Jahr. Nach zwei Jahren verlor die Schülerin die Geduld. Eines Tages überraschte sie den Meister mit einem selbstentworfenen Bild. Das

---

* Ich möchte den Ausdruck »Herz«, *kokoro*, hier im japanischen Sinne beibehalten in seiner weiten Spanne von Herz, Seele, Geist, Gemüt.

schaute er lange Zeit an, noch längere Zeit seine Schülerin. Dann faßte er, ohne ein Wort zu sagen, nach einem Pinsel, tauchte ihn in rote Tusche und zeichnete einen leichten Strich über das »Kunst«werk. Bitter enttäuscht war die Schülerin. Wie trefflich war ihr doch die wohldurchdachte Komposition ihrer gemalten Landschaft erschienen! – Monate später saß der Meister im Sommerhause seiner Schülerin. Während sie den Tee bereitete, schaute er prüfend ihre Skizzen an, die auf ihrem Tisch lagen. Und plötzlich fragte er: »Woher stammt dieses?« »Oh, es ist nichts, nur eine Skizze, eine Spielerei!« war die Antwort. Lange schwieg der Meister. Dann aber sprach er: »Das ist es, das ist der Weg!« Nicht ein bewußtes Komponieren schafft ein Bild, nein, von innen heraus, aus dem Herzen muß das Bild kommen. Es ist da, wenn der Schüler die Reife erlangt hat, es formt sich von selbst ohne Zutun.

So wirkt der Weg. Nur so ist er begehbar. In den vielen Jahrhunderten der Entwicklung der japanischen Kultur finden wir der Stimmen viele, die stets erneut darauf hinweisen. Yoshida Kenkô (1283 bis 1350), Höfling unter verschiedenen Kaisern und schließlich weltabgewandter Einsiedler und Mönch, schreibt in seinem *Tsurezuregusa,* in den »Aufzeichnungen in Mußestunden«:

»... folgt einer strikt dem Wege und läßt diesen nicht in Unordnung geraten, wird er im Gang der Jahre eher als ein überaus Talentierter, der nicht wohl vorbereitet ist, am Ende doch den Rang eines Hervorragenden erreichen und, durch seine Leistungen von den Menschen anerkannt, einen Namen ohnegleichen erhalten. Auch unter denen, die man als Hervorragende in der Welt betrachtet, gab es solche, die anfangs einen Ruf als untalentiert hatten und außerordentliche Fehler aufwiesen. Trotzdem wurden sie, weil sie die Forderungen des Weges genau einhielten, ihn für wichtig erachteten und sich ganz auf ihn konzentrierten, zu Vorbildern in dieser Welt und zum Lehrer für alle. Das gilt für alle Wege gleichermaßen.«

Die beim Studium eines Weges aufgehäufte handwerkliche Erfahrung wirkt sich schließlich segenbringend für den Lernenden aus, der nach jahrelangem Praktizieren eins der Ziele erreicht. Er wird Persönlichkeit. Meister wird er erst viel später.

Erst wenn der Mensch jedweder Bindung an die Dinge und seiner Beziehungen zu dieser irdischen Welt ledig ist, wird sein Herz frei. Dieses Ziel verfolgt auch der Tee-Weg, und in seinem Mittelpunkt steht der Mensch selbst. Tee-Meister und Gäste sind bemüht, sich selbst zur Vollendung zu bringen, so wie ein Maler sein Bild, ein Dichter sein Gedicht zur Vollendung bringt.

DER TEE IN JAPAN,
SEINE HERKUNFT UND SEIN GEBRAUCH

Hunderte von Jahren mußten vergehen, ehe sich der Tee in Japan von seinem Dasein als medizinisches Getränk und Genußmittel erhob, um Mittelpunkt gesellschaftlicher Zusammenkünfte zu werden, Herrscher im eigenen Reich gleichgesinnter

Menschen. Erst als er die Mauern der Klöster und Tempel durchbrach, die Grenzen der Klassengebundenheit überschritt, den kaiserlichen Hof verließ, zog er das gesamte japanische Volk in seinen Bann. Im Wirken der großen Tee-Meister fand der Tee und die Form seines Genusses letzte Vollendung. Die Lehre vom Tee entstand, der Tee-Weg, *chadô*. Großmeister wie Shukô, Jôô und Rikyû traten auf, übernahmen und festigten Altes, schufen Neues und gaben der Lehre Gehalt. Sie forderten von den Anhängern des Tee-Weges nicht nur die handwerklich-künstlerische Beherrschung der Zubereitung und des Trinkens, sie fragten nach einer bestimmten Lebenshaltung überhaupt. Die Lehre wurde Richtschnur im Leben.

Unter all den vielgestaltigen Wegen Japans nimmt der Tee-Weg eine eigene Stellung ein und zieht mehr Jünger an als jede andere Kunst unter den japanischen Künsten. Je nach den Zeitläuften stand er bald im Vordergrund, bald erschien er wie vernachlässigt, vergessen.

Die Geschichte des Tees in Japan weist eine Reihe von Abschnitten auf, die sich deutlich voneinander abheben: das Bekanntwerden mit dem neuen Getränk in China, sein erstes Erscheinen in Japan und sein frühester Gebrauch, die Veranstaltung von Tee-Wettstreiten, das Werden des Tee-Weges, seine erste Blüte, seine Vernachlässigung und sein Verfall, sein Neuaufleben und seine Vollendung, die Verfeinerung und Festigung der Tradition.

Die Heimat des Teetrinkens wurde China. Dort war der Tee schon frühzeitig bekannt, wie uns alte

Quellen berichten. Man verwendete ihn in früher Zeit als Medizin und später wohl auch als Getränk, aber die Art der Zubereitung und des Trinkens war primitiv. Verbreiteter wurde sein Gebrauch während der Sechs-Dynastienzeit (420–588) und gefestigter seine Stellung als Getränk. Wirklich Hochschätzung erlangte der Tee aber erst in der T'ang-Zeit (618–906). Lu Yü (bis 804), ein Dichter und Ästhet, war der Wegbereiter für den Tee und die Art, ihn zu trinken. Er verfaßte den »Klassiker des Tees«, sein Werk *Ch'a-ching*. In den drei Bänden des Werkes behandelt der Verfasser die Teepflanze, ihre Pflege, die Ernte der Teeblätter, die bei der Teebereitung zu gebrauchenden Gerätschaften, die Zubereitung selbst und die verschiedenen Möglichkeiten des zeremoniellen Teetrinkens. Interessant ist es, hier schon Geräte erwähnt zu finden, die später in ähnlicher Form bei der japanischen Tee-Zeremonie verwendet werden. Diesem wohl um das Jahr 772 herum niedergeschriebenen Werk verdanken wir wertvolle Kenntnisse über die Entwicklung und die Form des Teetrinkens in China. Es wurde unter den Freunden des Lu Yü, Dichtermönchen, Malern und Literaten, rasch bekannt und durch diese weit verbreitet. Der Tee kam in Mode und wurde zu einem unter Einhaltung bestimmter Formen zu genießenden Getränk. Hier mag man die ersten Anfänge des Tee-Weges in China sehen.

In der T'ang-Zeit verwendete man den Tee in der Form der *dancha* (chin. *t'uan-ch'a)* oder *dashicha* (chin. *yen-ch'a).* Die Teeblätter wurden gedämpft, in einem Teemörser zerstoßen und zu einem Kuchen geformt, von dem man dann je nach Bedarf Stücke abschnitt. Diese kochte man mit würzigen Beigaben und trank den Abguß. Es war also eine Art Ziegeltee, wie er auch heute noch seine Verwendung findet. Der von den japanischen Mönchen in der Nara-Zeit (710–782) verwendete Tee war von dieser Art.

In der Sung-Zeit (960–1279) wurde dieser gekochte Tee durch den gepulverten Tee, *matcha* (chin. *mo-ch'a)* oder *hikicha* (chin. *nien-ch'a),* abgelöst, der den Tee der T'ang-Zeit sehr rasch verdrängte. Die jungen Triebe besonders kultivierter Teepflanzen werden zu ihrer Zeit geerntet, in einen Sack gefüllt und darin in einer großen Steinkruke versiegelt aufbewahrt. Um den zehnten Monat herum wird das Siegel erbrochen, die Blätter in einem Teemörser zerpulvert und das Pulver in der Teeschale aufgegossen, geschlagen und getrunken. Diese Art von Tee lernte man in Japan um den Anfang der Kamakura-Zeit (1222–1333) herum kennen und schätzen. Der gepulverte Tee findet auch heute bei der Tee-Zeremonie Verwendung.

Wie sich nun in der Sung-Zeit die Art des Tees wandelte, so wandelte sich auch das Tee-Ideal. Die Grundlage dieses Wandels aber liegt tief. Was hatte die T'ang-Zeit der nachfolgenden Sung-Zeit als Erbe, den Boden eines neuen Werdens und Wachsens befruchtend, zurückgelassen? Davon müssen wir ausgehen. Bedeutende Lehren, ihre Wertähnlichkeiten und Überschneidungen, bilden den Grund, aus dem heraus sich die Gedankenwelt der neuen Zeit entwickelte. Da war einmal der mit beiden Füßen fest auf dem Boden der Wirklichkeit stehende Konfuzianismus. Ihm neigte sich die positiv-praktische Seite des Chinesentums zu. Die gefühlsmäßige Einstellung des Chinesen, seinen Hang zum Mystischen band der Taoismus und gab hier alle Möglichkeiten einer Fortentwicklung. Da wirkte aber auch der schon frühzeitg nach China gekommene Buddhismus, dessen Vertreter es jetzt verstanden, jene auf einer anderen Gedankenschulung ruhende Welt indischen Denkens den Menschen im Reich der Mitte nahezubringen.

Der Wandel in der geistigen Haltung spiegelte sich überall. Und war die Form des Teetrinkens in der T'ang-Zeit noch mehr oder weniger symbolisch, so wurde jetzt der Teegenuß in einer bestimmten Form zur sakralen Handlung. Er wurde, wie Okakura Kakuzô sagt, ein Weg zur Selbstbesinnung.* Dazu verhalfen ihm die Anhänger der südlichen Zen-Schule, die eine Tee-Zeremonie entwickelten, deren Handlungen einem strengen Ritual folgten. Vor dem Bilde des Ersten Zen-Patriarchen Chinas, Bodhidharma (chin. Ta-Mo, Ankunft in China um 520 oder 527), tranken die Mönche aus einer Schale gemeinsam den Tee. Und diese Tradition wurde allein in Japan bewahrt, wie so manches von den Kulturgütern der Sung-Zeit, das unter der Mongolenherrschaft der Yüan in Vergessenheit geriet. Diese Art des Teetrinkens wurde in Japan zur Urform der Tee-Zeremonie, die wir später in der Ashikaga-Zeit (1336–1573) finden.

* Okakura Kakuzô: *Das Buch vom Tee.* Übers. von H. Hammitzsch. Wiesbaden 1951, S. 20.

Die Sung-Dynastie hatte eine wenig glückliche Hand, den Bestand des Reiches zu sichern. Und doch, trotz Kriegswirren, Unruhen und Aufständen, blühte in dieser Zeit das kulturelle Schaffen auf fast allen Gebieten. Zahlreiche bedeutende Gelehrte, Philosophen, Historiker, Dichter und Maler, Priester und Mönche und die vielen namenlos-namhaften Künstler kunsthandwerklichen Schaffens hatten hieran Anteil.

In den nachfolgenden Zeiten geriet die verfeinerte Art des Teetrinkens in Vergessenheit und damit auch die Arten ihres Tees. In der Ming-Zeit (1368–1661) überbrühte man die Teeblätter mit heißem Wasser und trank ihn auf diese Weise. Das ist der Tee in der Form des *sencha* (chin. *chien-ch'a*) oder *hacha* (chin. *yeh-ch'a*), wie er in Japan in der Edo-Zeit beliebt wurde. In dieser Form lernte Europa den Tee kennen, da erst 1610 Schiffe der Holländisch-Ostindischen Compagnie Tee nach Europa brachten.

Es lassen sich keine festen Daten finden, wann Japan mit dem Tee bekannt wurde. In der Nara-Zeit war er jedoch bereits in Gebrauch, und es sind zweifelsohne japanische Mönche und Gesandtschaften gewesen, die ihn während der T'ang-Zeit in den Klöstern und am Hofe in China kennen- und schätzenlernten und als Samen oder Setzling mit nach Japan brachten. Dort hielt er zuerst seinen Einzug in den Lehr- und Pflegestätten des Buddhismus. Im japanischen Schrifttum wird der Gebrauch des Tees erstmals im Jahre 729 erwähnt. Nach Abbruch der Beziehungen zu China im Jahre 895 und mit dem Gestalten einer eigenständigen Kultur läßt der Gebrauch und die Sitte des Teetrinkens rasch wieder nach und blieb den Klöstern und Tempeln allein vorbehalten. Die Art und die Zubereitung des Tees in diesem Zeitraum war diejenige der T'ang-Zeit.

Es war der Mönch und Zen-Meister Eisai (1141 bis 1215), der den Brauch des Teetrinkens neu belebte. Zweimal war Eisai unter der Sung-Herrschaft in China gewesen und hatte dort die Lehre des Zen studiert und von den chinesischen Mönchen die Geheimnisse der Verwendung des gepulverten Tees erlernt. Darüber hinaus hatte er sich auch mit der Pflege des Teestrauches selbst vertraut gemacht. Nach seiner Rückkehr legte er Teepflanzungen auf dem Gelände des Ryôzen-Tempels in der alten Provinz Bizen auf Kyûshû an und steckte dort die mitgebrachten Samen. Später verpflanzte er die jungen Teesträucher nach dem Shôfuku-Tempel von Hakata. Seine in China von den dortigen Zen-Mönchen gelernten Kenntnisse über den Tee legte er in einem zweibändigen Werk nieder, dem *Kissayôjôki* (1211). Darin erklärt er den Wert des Teetrinkens und macht den Leser mit der Kultivierung der Teepflanzen und der Zubereitung des Pulvertees bekannt. Als der letzte Shôgun aus dem Hause der Minamoto, Sanetomo (1204–1219), erkrankte, schickte ihm Eisai eine Schale Tee und sein Werk *Kissayôjôki*. Die Krankheit besserte sich, und Sanetomo vertiefte sich in das Werk und begann diese Form des Teetrinkens zu schätzen. Damit wurde der Ruf der gesundheitsfördernden Kräfte des Tees begründet, von dem Eisai in seinem Werk schreibt: »Um das Leben zu pflegen, ist der Tee ein wahrer Heilstrank, ein Geheimmittel, das Leben zu verlängern.«

Eisai hatte seinem Schüler Myôe (1173–1232), einem berühmten Mönch der Kegon-Schule, der bei ihm Zen und seine Tee-Lehre studierte, Teesamen geschenkt. Dieser steckte die Samen versuchsweise in der Nähe seines Tempels, der in Toganoo im Nordwesten von Kyôto, der Hauptstadt, lag. Infolge des guten Bodens erzielte er ein erstklassiges Wachstum. Dieser Tee wurde bei den Tee-Wettstreiten der späteren Zeit als *honcha* oder *moto no cha,* als der ureigentliche Tee, gegenüber den Teesorten anderer Teegärten, den *hicha,* bezeichnet.

Eisai und Myôe waren es also, die der Sitte des Teetrinkens zu ihrer Verbreitung verhalfen, wenn auch zunächst noch innerhalb des klösterlichen Lebens. Der Tee half bei den Meditationsübungen die Schläfrigkeit bekämpfen und stärkte die Konzentrationsfähigkeit der Mönche. Daneben aber galt er, wie wir schon erfahren haben, als eine vorzügliche Medizin. Aber noch blieb er Mittel zum Zweck. Weitere Kreise machte erst der Priester Eison aus dem Saidai-Tempel in Nara mit dem Tee bekannt. Er wurde im Jahre 1262 von Hôjô Sanetoki (1224 bis 1275) nach Kamakura eingeladen. Auf der Reise nach dort bewirtete er in den verschiedenen Provinzen Arme und Kranke mit Tee. Darüber berichtet er in seinem Reisetagebuch *Kantô-ôenki.* Aber auch im Saidai-Tempel in Nara übte er diese Sitte. Hier wurde der bei dem Teeopfer vor der Buddhastatue übriggebliebene Tee den Mönchen und den Gläubigen angeboten. Diese Sitte des Teeausschenkens nannte man *secha*. Sie wurde in der Zeit allgemein beliebt und wir hören verschiedentlich von ihrer Ausübung.

So war also der Gebrauch des gepulverten Tees durch das Wirken der Zen-Priester um den Anfang der Kamakura-Zeit herum immer mehr in den Tempeln und Klöstern gepflegt worden. Über die Zen-Lehre fand er dann allmählich seinen Eingang in weitere Kreise, neben dem Adel und dem Kriegerstand lernte ihn auch das Volk durch seine Verbindung mit religiösen Zeremonien kennen. Eine noch intensivere Verbreitung brachte aber das Kennenlernen der in der Sung-Zeit in China allgemein beliebten Tee-Wettstreite. Diese Tee-Wettstreite, *tôcha* oder chin. *tou-ch'a,* erlebten in Japan in der Zeit von Mitte des 14. bis hin gegen Ende des 16. Jahrhunderts eine seltene Blüte. Sie kamen dem japanischen Hang zu geselligem Beisammensein entgegen und fügten sich gut den unter dem Namen *monoawase* bekannten geselligen Wettstreiten an. Waren es bei diesen Gedichte, Blumen, Insekten, Gräser, Muscheln und andere Dinge, die im Mittelpunkt standen, so war es jetzt der Tee. Den Geladenen wurden verschiedene Teesorten angeboten, zumeist vier, und sie hatten zu unterscheiden, welche Sorte *honcha,* Tee aus dem Wachstum von Toganoo und später Uji, und welche Sorten *hicha*, Tee aus dem Wachstum anderer Teegärten, war. Wir finden Berichte über solche Tee-Wettstreite in einem Werk *Kissaôrai,* das dem Mönche Gen'e zugeschrieben wird. Der Verfasser erzählt, daß solche Tee-Wettstreite um den 6. Monat herum stattfanden. Die Gäste versammelten sich zunächst im Erdgeschoß eines Teepavillons und wurden dort bewirtet. Nach der Begrüßung führte sie der Gastgeber oder Einladende in das erste Stockwerk, den eigentlichen Teeraum, in dem das Verkosten der verschiedenen Teesorten stattfand. Von diesem Raum, der mit einer Galerie umgeben war, öffnete sich der Blick nach allen Himmelsrichtungen. Der Goldene und Silberne Pavillon, Kinkakuji und Ginkakuji, in Kyôto sind beste Beispiele solcher Teepavillons. Betraten die Gäste den Teeraum, hing an der Hauptwand ein Buddha-Bild und zu dessen Seiten Bilder, welche die Lehrauslegung des Buddha darstellten und von bekannten Malern stammten. Oder aber ein Bild der heiligen Kwannon (Avalokiteśvara) nahm diesen Platz ein. Von einem Tisch davor hing ein Goldbrokat herab, auf dem ein chinesisches Bronzegefäß für Blumen stand. Räucherwerkgefäße waren aufgestellt und Tee-Urnen. Auf Schmuckbrettern auf der Westseite des Raumes wurden seltene Früchte, auf der Nordseite wurden die zur Verteilung kommenden Preise gezeigt. Dazwischen stand der Wasserkessel, in dem das Wasser siedete. Die Gäste ließen sich auf Sitzgelegenheiten nieder, über die Leopardenfelle gebreitet waren. Die Schiebetüren des Raumes waren mit den verschiedensten chinesischen Malereien geschmückt. Wenn die Gesellschaft versammelt war, bot der Sohn des Gastgebers den Gästen in strenger Rangordnung Früchte an. Danach wurde der Tee gereicht, und der eigentliche Wettstreit begann. Je nach ihrem Urteil erzielten die Beteiligten Punkte und erhielten nach ihrer Punktzahl die Preise zugesprochen. Nach Beendigung des Teeverkostens wurde das Teegerät hinweggeräumt, und bei ausgewählten Fischgerichten und Reiswein begann ein vergnügtes Gelage.

Wenn diese Tee-Wettstreite auch mit dem Tee-Weg noch nichts zu tun hatten, so waren sie doch Wegbereiter für die neue Lehre. An Formalem boten sie schon manches, was später auch in der Tee-Zeremonie wiederkehrt oder erhalten bleibt. Die Neigung des Geschmacks zum ausgesprochen Chinesischen wandelt sich, und japanische Dinge halten ihren Einzug in den Teeraum, der sich aus dem Teepavillon entwickelt. Auch die Buddha-Bilder und Darstellungen von buddhistischen Heiligen machen im Verlaufe der Jahre Landschafts-, Blumen- und Tierbildern Platz. Das Verkosten tritt mehr und mehr in den Hintergrund, und das gesellige Beisammensein wird zur Hauptsache. Diese Tee-Gesellschaften nannte man *unkyaku-chakai*. Und bei diesen Zusammenkünften trank man Tee geringerer Güte und nahm ein gemeinsames Bad. Im Baderaum waren kleine, bildergeschmückte Wandschirme, Blumengefäße und Weihrauchgerät aufgestellt, und auch im eigentlichen Teeraum hatte man im Osten und Westen zwei Rollen mit Kalligraphien aufgehängt, Blumen kunstvoll angeordnet und Wandschirme zurechtgerückt. Nach dem Bade trank man den Tee, von dem es zwei Arten gab, die eine davon war Uji-Tee. Als Früchte gab es weiße Melonen und Bergpfirsich, dazu noch Buchweizennudeln. Hier ist nichts von der Prachtentfaltung jener Tee-Wettstreite in der Hauptstadt zu spüren. Bildschmuck und Blumen werden nach eigenem Geschmack gewählt und seltene Tee-Gerätschaften scheinen nicht mehr aufzutauchen. Es ist ein anderer Geist, der diese Zusammenkünfte beherrscht.

Die Bezeichnung einer Tee-Gesellschaft als *chanoyu* läßt sich in der Zeit vor dem Wirken der großen Tee-Meister feststellen. Wenn man aber den Begriff *chanoyu* durch Tee-Zeremonie wiedergibt, so ist diese Wiedergabe nur dann berechtigt, wenn sich bestimmte, feststehende Regeln nachweisen lassen, die den Charakter einer Zeremonie ausmachen. Selbstverständlich folgten auch die Tee-Wettstreite bestimmten Regeln, aber diese waren keinesfalls unabänderlich. Die Gastgeber folgten hier – auch wenn die großen Linien festgehalten wurden – ganz ihrem eigenen Geschmack. Ein festeres Regelgebäude erhielt die Tee-Zeremonie erst durch den Einfluß des Kriegerstandes, dessen Leben ebenfalls ein strenger Kodex regelte. Es war die Kriegersippe der Ogasawara aus der Provinz Shinano, die sich den Problemen der Kodifizierung der Etikette ihres Standes zuwandte und schließlich im Auftrage des Shôguns Ashikaga Yoshimitsu (1367–1395) das zwölfbändige *Sangi-ittô-sôshi* herausbrachte. Es war Ogasawara Nagahide, der zusammen mit Imagawa Ujiyori und Ise Mitsutada das Werk vollendete. Er stützte sich dabei auf Vorarbeiten, die sein Großvater Ogasawara Sadamune geleistet hatte, dessen Arbeiten in ihrer Formulierung stark von dem Wirken des Mönches Dôgen und dessen Alltagsregeln für

eine einfach-strenge, zen-bestimmte Lebensweise
beeinflußt waren. Solche Etikettevorschriften für
den Krieger befaßten sich mit den Fragen für alle
Lebensgebiete. Darunter nahmen die Regeln für das
Teetrinken eine nicht unwichtige Stellung ein. Und
wir müssen feststellen, daß diese sich nach und nach
von den in den Zen-Klöstern geübten Bräuchen ent-
fernten und eigene Formen suchten.

Einen besonders nachhaltigen Einfluß auf die Gestaltung der Regeln für die Tee-Gesellschaften
hatte aber ein Meister, der als Berater und Führer
in Kunstfragen das besondere Ansehen im Hause
der Shôgune genoß. Dieser Meister war Nôami
(1397–1471). Er genoß einen Ruf nicht nur als
Tee-Meister seiner Zeit, sondern er zeichnete sich
auch als Maler von Tuschbildern, als Meister des
Kettengedichtes *renga* und als Meister der Blumenkunst des klassischen Stils aus. Vom sechsten Ashi-
kaga-Shôgun Yoshinori (1428-1441) eingeladen,
wurde er bald zum Vertrauten in allen künstlerischen Fragen. Nôami beschäftigte sich intensiv mit
den Fragen über die Verwendung des Teegerätes,
welche jetzt durch einen Wandel in der Architektur
eine andere Bedeutung erlangte. Hatte man vorher
die Tee-Gesellschaften der *tôcha* in Teepavillons
ausgeübt, welche zumeist zweistöckig waren, so wurden diese jetzt in die eigentlichen Wohnräume der
Krieger und des Adels verlegt.

Im Verlauf des Mittelalters hatte sich aus dem
Wohnhausstil des Hofadels, dem *shindenzukuri*,
allmählich unter dem Einfluß der Zen-Priester, die
zu dem erwachsenden Kriegerstand in engster Be-

ziehung standen, eine neue Stilform der Wohnanlage entwickelt. In den Klöstern wurden die Wohnräume der Priester mit einer Bildnische, *tokonoma*, ausgestattet, in der das Buddha-Bild seinen Platz fand. Daneben wurde eine Nische mit Wandbrettern, *chigaidana*, zur Aufnahme der buddhistischen Schriftwerke eingerichtet und dazu eine Art Erkerfenster, *shoin*, geschaffen, wo man lesen oder arbeiten konnte. Dem Hauptraum vorgelagert war ein besonderer Vorraum, *genkan*, wie er sich auch bei dem heutigen Wohnbau japanischen Stils finden läßt. Die neue Stilform führte nun diesen Leseerker der Zen-Mönche in den Wohnbau ein, der von dieser Zeit an die Bezeichnung *shoinzukuri* als Stilvermerk führt.

In diesen Hauptraum mit dem *shoin* wurde nunmehr die Tee-Gesellschaft verlegt. Dadurch entstanden aber andere Grundbedingungen für die äußere Ausgestaltung und die Ausübung. Nôami schuf, unter Anlehnung an die Bräuche der Tee-Wettstreite, die Grundlage für die neue Art der Tee-Gesellschaft, die man jetzt auch *shoin no chayu* nannte. Die Art und Weise des Anordnens der verschiedenen Schmuckstücke, Bilder und Teegeräte bezeichnete man als *shoin-kasari*. In der Bildnische werden zwei oder drei einen inneren Zusammenhang aufweisende Rollbilder aufgehängt. Vor diese werden das Räuchergefäß, die Blumenvase und der Kerzenhalter gestellt. Dem Fenster des Leseerkers gegenüber steht ein Tisch mit Tuschreibstein, Tusche, Pinsel und Wassergefäß. Die Wandbretter zeigen Weihrauchbehälter verschiedener Art und andere

Gegenstände von Geschmack und Wert. Das *shoin-kasari* soll die geistige Weite einer feierlichen Schönheit in den Teeraum bringen.

Ein besonders wichtiges Moment für die Weiterentwicklung der Tee-Zeremonie ist aber die Verwendung des *daisu* genannten Gestells, das zu den Hilfsgeräten der Zeremonie gehört. Dieses Gestell, das aus einer Ober- und einer Grundplatte besteht, welche durch zwei oder vier Stützen verbunden sind, nimmt in bestimmter Anordnung das Teegerät auf. Auf der Unterplatte steht links das Kohlenbecken, *furo*, mit Wasserkessel, *kama*, und rechts das Wassergefäß für das kalte Wasser, *mizusashi*. Zwischen beiden ein Gefäß, in dem der Wasserschöpfer, *hishaku*, und die Stäbchen sind, mit denen man das Feuer richtet, die *hibashi*. Davor die Schale für das wegzugießende Wasser, *mizukoboshi*. Auf der Oberplatte finden die Teeschale, *chawan*, die manchmal den Teeschläger, *chasen*, das leinene Teetuch, *chakin*, und den Teelöffel aus Bambus, *chashaku*, aufnimmt, und die Teebüchse, *cha'ire*, ihren Platz.

Darüber hinaus aber stellte Nôami auch Regeln für die Etikette im Tee-Raum selbst, für den Gang beim Hereinbringen oder beim Bewegen der Gerätschaften auf. Er stützt sich hier nicht mehr ausdrücklich auf die Vorschriften der Tee-Wettstreite, sondern er legt seinen Regeln die Etikette des Kriegerstandes, wie sie durch die oben erwähnte Schrift des Ogasawara-Hauses festgesetzt worden war, zugrunde. Auch die traditionelle Kleidung für die Tee-Zeremonie ändert sich jetzt, und ein Wandel nach dem Japanischen hin ist zu spüren. So trägt man jetzt bei der Ausübung, wenn man dem weltlichen Stande ohne Rang und Würden angehört, das allgemein übliche Zeremonialgewand. Gehörte man dem Mönchsstande an, trug man das Priestergewand mit einem Übergewand halber Länge, und als Adeliger trug man die rockartige weite Hose und das Übergewand. Und von Yoshimasa heißt es, daß er zu den Tee-Gesellschaften im zeremoniellen Jagdkleid gekommen ist.

Wir dürfen abschließend sagen, daß es Nôami war, der durch sein Bemühen, feste Regeln zu schaffen, die Tee-Zeremonie gegenüber den Tee-Wettstreiten zu einer besonderen Form der gesellschaftlichen Zusammenkunft machte und damit dieser Form gleichzeitig einen weit tieferen Gehalt gab, der auf den sie in der Hauptsache ausübenden Kriegerstand nicht ohne Einfluß bleiben konnte. Hier wurde der erste Schritt auf einem Pfad getan, der in den kommenden Jahren hinführen sollte zu dem, was man als Tee-Weg, *chadô*, bezeichnet.

Im 16. Jahrhundert wurden die Regeln für die Tee-Zeremonie immer strenger. Das Wirken der großen Tee-Meister begann seine Früchte zu tragen. Es gab jetzt einen Tee-Weg, der nicht mehr den äußeren Formen der Zeremonie verhaftet blieb, sondern der sie zum Ausdruck einer inneren Haltung machte. Man denke hier an die sieben Regeln der Wandschrift im Shûunan, an das *Shûun'an-he-kisho,* von Sen no Rikyû und Nambô Sôkei gemeinsam verfaßt. Es wird darauf noch näher einzugehen sein.

Eine eigene Berühmtheit in der japanischen Geschichte hat die große Tee-Zeremonie von Kitano (1587), die von Hideyoshi zusammen mit Rikyû und Tsuda Sôkyû (bis 1591) veranstaltet wurde, erlangt. Von der Einladung zu dieser Tee-Gesellschaft, an der an die achthundert Gäste aus allen Schichten des Volkes teilgenommen haben sollen, berichten das *Sôtan-nikki* des Kamiya Sôtan (1551–1635), das *Taikôki* und das *Kitano-ôchanoyu no ki*. Es wurden im ganzen Lande Anschläge gemacht, die in sieben Abschnitten Einzelheiten über den Zweck dieser Tee-Gesellschaft bekanntgaben:

»Zehn Tage lang wird, je nach der Wetterlage, vom 1. Tage des 10. Monats an in dem Wäldchen von Kitano eine große Tee-Zeremonie stattfinden, und nach den Regeln soll wertvolles Teegerät dort ohne Ausnahme zusammengetragen und den Teeliebhabern vorgeführt werden.

Wenn einer eine Liebe zur Tee-Zeremonie besitzt – ganz gleich, ob er ein junger Diener ist oder Kaufmann oder Bauer –, so soll er einen Wasserkessel, einen Schöpfeimer, ein Wassergefäß und etwas zum Trinken mitbringen. Wer kein Teepulver besitzt, bei dem wird auch gebranntes Gerstenpulver nicht beanstandet.

Weil der Platz für die Tee-Zeremonie das Kiefernwäldchen von Kitano ist, findet sie auf zwei Binsenmatten statt. Jedoch bei Unbemittelten werden auch Reisstrohmatten, selbst gewöhnliche Strohmatten nicht beanstandet. Die Wahl des Sitzplatzes ist freigestellt.

Es handelt sich hier nicht um eine rein japanische Angelegenheit. Wer immer eine Vorliebe besitzt, also auch ein Chinese, mag erscheinen.

Um auch denjenigen, die aus den fernen Provinzen kommen, alles zeigen zu können, ist die Dauer bis auf den 10. Tag des 10. Monats hinausgeschoben worden.

Weil diese Art Einladung ein tiefes Mitempfinden mit den Unbemittelten zeigt, so halte sich jeder, der diesmal nicht erscheint, vor Augen, daß ihm danach selbst eine Zeremonie mit gebranntem Gerstenpulver verboten sein wird und daß es ihm auch nicht erlaubt ist, an der Tee-Zeremonie eines diesmal Nichterschienenen teilzunehmen.

Wenn jemand besonders unbemittelt ist, wie weit er auch hergekommen sein mag, wird er auch von des Fürsten Hideyoshi eigner Hand Tee angeboten erhalten.«

Wie wichtig von den regierenden Kreisen die Teeangelegenheiten genommen wurden, das zeigen eine Reihe von Verordnungen, nach den en bestimmte Beamte eingesetzt wurden, die sich ausschließlich der Pflege und der Bereitung des Tees zu widmen hatten. Über diese Sitte geben uns ausführlicher die Kriegerregister, die sogenannten *bukan* der Tokugawa-Zeit Aufschluß. Wir erfahren, daß es neben den ausübenden Tee-Meistern Vorsteher bestimmter Gruppen gibt, dazu Teebonzen, Teegartenpfleger und Gartenarbeiter. Tokugawa Ietsuna (1651–1680), der vierte Tokugawa-Shôgun, erließ gesonderte Vorschriften für die Pflege des Tee-Rau-

mes. Das waren Bestimmungen, auf deren Nichtbe-
folgung strenge Strafen standen. Sie wurden im
Jahre 1659 erlassen. Besondere Vorkehrungen wurden für den Transport des Tees aus den Tee-Gärten von Uji nach Edo, dem heutigen Tôkyô, der Re-
gierungsstadt der Tokugawa-Shôgune, getroffen.
Alles war bis in die letzte Kleinigkeit geregelt. Die
versiegelte Tee-Urne wurde wie ein Staatsschatz
behandelt. Absperrungen der Straßen wurden vor-
genommen und anderes mehr. Erst unter der Regie-
rung des achten Tokugawa-Shôguns Yoshimune
(1716–1745) erfuhren diese strengen Bestimmungen
eine leichte Auflockerung. Die Entwicklung der
Städte und des Bürgertums in der Tokugawa-Zeit
(1600-1868) brachte dann eine erneute Verflachung
der Tee-Zeremonie mit sich. Sie wurde zum Aus-
hängeschild des persönlichen Wohlstandes. Man
baute die schönsten Tee-Räume, erwarb das erlesen-
ste Teegerät, aber der Geist der Tee-Zeremonie
ließ sich nicht mit Geld erwerben. So blieb die
Überlieferung des echten Tee-Weges nur in einem
kleinen Kreis gewahrt. Für alle anderen wurde die
Tee-Zeremonie zu einer ästhetischen Spielerei, die
um so reizvoller war, je mehr man dabei durch das
kostbarere Teegerät andere übertrumpfen konnte.

Die Zeit des 20. Jahrhunderts mit ihren politi-
schen Verwicklungen und ihren wirtschaftlichen An-
spannungen ließ den Menschen wieder zum Tee-
Weg zurückfinden. Der Tee-Weg wurde wieder ein
Weg der Einkehr zum Selbst, ein Quell, aus dem
man neue Kräfte schöpfen konnte, eine Zuflucht-
stätte inmitten der Hast einer materiellen Welt.

DER TEE-WEG UND SEINE GROSSMEISTER: SHUKÔ, JÔÔ UND RIKYÛ

SHUKÔ

Der erste wahre Gestalter des Tee-Weges ist Murata Mokichi Shukô (1423–1502), der Begründer der Nara- oder Shukô-Schule. Er führt als erster den Ehrentitel eines Großmeisters, *sôshô*. Aus bürgerlichen Kreisen stammend, die in der Provinz Yamato ansässig waren, trat er schon frühzeitig in das klösterliche Leben ein. Er wurde Mönch im Shômyô-Tempel von Nara. Jedoch durch seine Art erzürnte er die Priesterbeamten und wurde aus dem Kloster verstoßen. Nach einer langen Wanderfahrt durch die verschiedenen Provinzen Japans kam er schließlich in die Hauptstadt Kyôto. Dort wurde er im Shinjûan des Daitoku-Tempels Schüler des Zen-Meisters Ikkyû Sôjun (1394–1481). Die Zen-Übungen brachten Shukô in nähere Berührung mit dem Teetrinken. Darüber wird in seiner im *Chajidan* angeführten Biographie unterhaltsam berichtet. Es wird erzählt, daß Shukô im Alter von dreißig Jahren Zen-Mönch wurde. Bei seinen Studien und Meditationsübungen habe ihn aber stets eine unangenehme Müdigkeit überfallen. Aus diesem Grunde suchte er einen in der Zeit berühmten Arzt auf und bat diesen, ihm doch eine Medizin zu geben, um die Müdigkeit zu bekämpfen. Dieser empfahl Shukô, Tee zu trinken. Shukô besorgte sich Tee aus den Teegärten von Toganoo und stellte fest, daß der

Arzt ihm wohl geraten hatte. Daraufhin verschaffte er sich alle erreichbaren Werke über den Tee und studierte sie genauestens. Daneben trug er alles zusammen, was sich mit den Sitten der Tee-Gesellschaften seiner Zeit befaßte. Und unter Verwendung seiner eigenen Erfahrungen aus der Zen-Praxis schuf er dann seine eigenen Regeln.

Nach Beendigung seiner Zen-Studien erhielt er von seinem Meister Ikkyû an Stelle des »Siegels« eine Handschrift des berühmten Zen-Meisters der Sung-Zeit Yüanwu K'o-ch'in (1063–1135) anvertraut. Diese Handschrift, ein sogenanntes *bokuseki,* ist wohl das in der Tee-Welt berühmteste und älteste Dokument dieser Art. Diese *bokuseki,* wörtlich »Tuschspuren«, also handschriftliche Aufzeichnungen berühmter Meister, die entweder »Siegel«-Dokumente darstellen oder den Weg zur Erleuchtung, *satori,* öffnen sollen durch wenige Schriftzeichen oder aber dem Schüler seinen Mönchs- oder Künstlernamen mitteilen, spielen im Zen und in der Tee-Lehre eine gewichtige Rolle. Sie müssen die kalligraphischen Regeln überragen und unzweideutig den Geist des Schreibers vermitteln. Unter den Tee-Meistern wurden diese *bokuseki* fast höher geschätzt als die Tuschbilder der Sung-Zeit.

Shukô ließ die Handschrift als Hängebild aufziehen und schmückte damit die Bildnische seiner Klause, wenn er dort, seinen Regeln folgend, Tee trank. Dabei wurde ihm die Erleuchtung zuteil, daß das Buddha-Gesetz auch im Tee-Wege liegt. Hier

---

* Ein solches »Siegel«-Dokument (*inkajô*) des Meisters bestätigte dem Schüler die Reife.

erleben wir die Einheit von Zen-Lehre und Tee-Lehre, dieses *chazen-ichimi*, welches für den gesamten Tee-Weg so bedeutungsvoll wird.

In seiner Tee-Lehre lehnte Shukô jedwedes Auffällige, also Prachtentfaltung und Luxus ab. Er betrachtete diese als Unsitte und weit vom wahren Tee-Weg entfernt. Auch fürchtete er, daß es zu einem Verbot der Tee-Zeremonie kommen würde, wenn die Kaufleute der aufblühenden Handelsstädte wie Sakai, die als Hafenstadt, Mittelpunkt der Silber- und Goldbrokatweberei und Hauptstadt der Provinz Izumi eine bedeutende Stellung einnahm, sich einem Tee-Zeremoniell zuwendeten, das die Prachtliebe der ritterlichen Gesellschaftsschicht nachahmte. Bei der endgültigen Gestaltung seines Tee-Weges spielten neben den Zen-Gedanken auch die Beeinflussung durch andere, in seiner Zeit blühende Künste herein, die Kunst des Nô-Schauspiels und die Kunst des Kettengedichtes *renga*. In seiner Zeit jedenfalls fand seine Lehre einen großen Widerhall, und die Zahl ihrer Anhänger war nicht gering. Ihm ist es zuzurechnen, wenn sich der Tee-Weg nunmehr auch unter dem einfachen Volke ausbreiten konnte und nicht mehr allein der ritterlichen Gesellschaftsschicht vorbehalten blieb.

Die geistige Grundlage der Zeit war für die Entwicklung eines Tee-Weges, wie ihn Shukô zu verwirklichen suchte, die denkbar beste. Als Tee-Meister brachte er auch die dafür notwendigen Voraussetzungen mit. Er kannte die Tee-Sitten in der südlichen Hauptstadt Nara, die das Zentrum des kulturellen Lebens seiner Heimatprovinz war. Er kannte

aber auch die glänzenden und prunkvollen Tee-Gesellschaften der Residenzstadt Kyôto, die nur äußere
Prachtentfaltung, aber keine Verinnerlichung zeig-
ten, oft dazu noch als Deckmantel für alle Arten
ausschweifender Lustbarkeiten benutzt wurden. Daneben begann der Lebenswandel der Krieger in der
Hauptstadt den Unwillen des Volkes zu erregen. Es
erschienen hier und dort öffentliche Anschläge, die
neben den verschiedenen Lastern, denen sich die
führenden Schichten zugewandt hatten, auch die
Tee-Gesellschaften brandmarkten. Shukô, ganz im
Zen lebend, erkannte hier Gefahren, die das Volk
ins Unglück stürzen konnten, sah aber auch Möglichkeiten, solche Gefahren zu bannen. Als ein geeigne-
tes Mittel, den Menschen der Zeit zur Besinnung zu
führen, zur Persönlichkeit zu erziehen, schien ihm
der Tee-Weg geeignet. Diesen gestaltete er auf der
Grundlage seiner Zen-Erfahrungen und in Verbindung mit seinen anderen Studien und Erkenntnis-
sen. Konfuzianische Studien, die Lehren der
Nô-Meister und die Poetik-Schriften bedeutender
Dichter gaben ihm zusätzlich manche wichtige Anre-
gung für Form und Inhalt seiner neuen Lehre.

Von besonderer Bedeutung für die Grundideen
des Shukô ist ein Schreiben an seinen Schüler Furuichi Harima (1459–1508), Schloßherr von Furuichi
in der Provinz Yamato, der mit seinen Gefolgsleu-
ten dem Kôfuku-Tempel von Nara eng verbunden
war und später selbst Mönch wurde.

»Das Übelste auf diesem Wege ist, Überheblichkeit und Eigensinn in seinem Herzen zu tragen.
Und unziemlich dazu ist es, einen Könner zu benei-

den und auf einen Anfänger herabzusehen. Einem Könner soll man sich eng anschließen und auf ein jedes seiner Worte lauschen, einem Anfänger aber soll man in aller Aufrichtigkeit zur Reife helfen. Wichtig für diesen Weg ist es, die Grenzen zwischen japanischen und chinesischen Dingen zu verwischen; das sollte man vor allem im Auge behalten. Wahrlich unverzeihlich ist es, wenn man darüber hinaus in der gegenwärtigen Zeit vom ›Kühl-Verschrumpften‹ spricht, die Anfänger Tee-Gerät aus den Brennereien von Bizen und Shigaraki verwenden und dieses – auch wenn andere es nicht anerkennen – wertschätzen. ›Verschrumpftes‹, das heißt: gutes Tee-Gerät besitzen, seine Charaktereigenschaften richtig verstehen und es allein von einer wahren, inneren Zuneigung her wertschätzen; dann dürfte es auch für alle Zeiten in seiner ›Kühl-Verschrumpftheit‹ reizvoll bleiben. Aus diesem Grunde also darf man einen dem eigenen Geschmack so gar nicht entsprechenden Menschen wegen seines Tee-Gerätes nicht verspotten. Trotzdem suche man am Geschmack eines wahren Kenners Anlehnung, das ist ein wichtiger Punkt dabei; nur Überheblichkeit und Eigensinn sind vom Übel. Ermangelt man jedoch dabei eines inneren (schöpferischen) Triebes, dann folgt man einem Wege, der falsch ist. Es gibt dazu aus vergangenen Zeiten ein Wort: ›Werde Meister deiner Willkür, laß die Willkür nicht zu deinem Meister werden!‹«

In diesen wenigen Worten teilt uns Shukô die Grundrichtung seines Tee-Weges mit. Es wird vor der Willkür, der Begierde gewarnt, zur Beharrlichkeit ermahnt, die innere Bescheidenheit herausgestellt; dann wird sich der Anfänger schließlich zum wahren Weg hinfinden. Daß er sich dabei einem Wissenden, einem auf dem Wege Gereiften, einem Meister anvertrauen soll, ist selbstverständlich.

Einen großen Wert legt er auf die Verwischung der Grenzen zwischen dem Japanischen und Chinesischen. Bei den Tee-Gesellschaften der vergangenen Zeiten stand das Chinesische außerordentlich betont im Mittelpunkt. Nunmehr kamen allmählich auch japanische Erzeugnisse aus den Brennöfen von Bizen und Shigaraki in Mode. Es erhob sich ganz natürlicherweise die Frage, ob man diese auch im Rahmen der Tee-Zeremonie verwenden sollte. Shukô tritt für ihre Verwendung ein, auch wenn die Gefäße japanischen Ursprungs den eleganten Geschmack chinesischer Erzeugnisse vermissen ließen. Die Vollendung fanden die japanischen Töpfereiwaren erst gegen das Ende des 16. und im 17. Jahrhundert durch das Wirken der Tee-Meister selbst.

Was war der grundlegende Unterschied zwischen chinesischen und japanischen Teegeräten? Da fehlte bei den letzten einmal die Feinheit der chinesischen Waren. Sie wiesen eine eigenartige und daher besonders reizvolle Rauheit auf, hervorgerufen durch kleine Kiesel, die die Erde, aus der die Geräte gebrannt wurden, durchsetzten. Dazu kamen manche der Waren sogar mit einer vollständig unglasierten Oberfläche auf den Markt. Aber gerade diese Eigenschaften erzeugen ein so besonderes Gefühl bei der Handhabung dieser Geräte. Ihre Rauheit war es, die bezauberte, die der Feinheit der chinesischen Güter entgegenstand. Hier wurde Shukô nachgerade zum Wegbereiter einer geschmacklichen Umerziehung, die nicht so leicht durchzuführen war. Aber gerade das Reizvolle einer Gegensätzlichkeit war es, das von Shukô an Einzug in den Teeraum hielt. Man war auch in anderen japanischen Künsten den Weg gegangen, der über das erhabene Schöne hin zu dem einfachen Schönen führt, also zu einer Schönheit, die sich dem Beschauer nicht aufdrängt, aber doch seinen Blick auf sich lenkt und vor allem sein Herz gefangennimmt. So zieht ein neues Ideal die Anhänger des Tee-Weges in seinen Bann: das Nicht-Laute, das Feierlich-Schöne, das Vollendet-Unvollendete, das »Kühl-Verschrumpfte«.

Der Künstler kann dieses Ideal aber erst nach einem langen Praktizieren erreichen. Es erwächst nur aus den persönlichen Erfahrungen und ist ein Zeichen der eigenen Reife, die nicht mehr unter dem Einfluß einer persönlichen Willkür steht, nicht mehr irgendwelche Begierden hat. Er muß sich von dem »Außen« freimachen, welches nur die Form bedeutet, er muß das »Innen« suchen, die letzte Tiefe, die auch der Form erst ihren Sinn gibt. Er kann aber nur dahin gelangen, wenn sein Herz ein solches ist, das nicht mehr den Dingen verhaftet bleibt. Wenn er dann schließlich das Ideal erreicht hat, wenn eine plötzliche Erleuchtung ihn begreifen läßt, was wahre Schönheit ist, dann sieht er auch in dem »Kühl-Verschrumpften« nicht mehr das Welken, das Absterben im Sinne eines Kräfteverfalls, sondern er erlebt es im Sinne des Reifens, das doch gerade eine der schönsten Blüten darstellt. Jetzt, wo ihm die

Welt und ihr flüchtiger Gang nichts mehr bedeuten, wo eine stille, aber doch lebendige Einsamkeit ihn umfängt, erlebt er eine Schönheit, die etwas von der Patina altehrwürdiger Gegenstände aufweist. Hier wirken zwei andere Begriffe, *sabi* und *wabi*, die in einem ganz besonderen Sinne im Tee-Weg ihre Verwendung finden.

Es ist schwer, diese beiden Begriffe eindeutig zu definieren, da sie in ihrem tiefsten Sinne nur gefühlsmäßig zu erfassen sind. »Es zeigt Geschmack, einen edlen Renner vor einer strohgedeckten Hütte anzubinden«, dieser Ausspruch des Shukô beinhaltet beides, *sabi* und *wabi*. Eine einfache, strohgedeckte Hütte, die womöglich noch einsam in einer Winterlandschaft steht, dieses Bild deutet uns den Begriff *wabi*. Und vor oder an dieser einfach-einsamen Hütte angebunden, ein edles Roß, das ist *sabi*. Dieses Schönheitsideal umfaßt nicht nur eine einfache Schönheit, sondern diese muß eine Schönheit sein, welche das *wabi*-Gefühl in sich einschließt, eine dunkle, matte, aber gesättigte Schönheit, eine Schönheit der Reife. Es ist das Nicht-Vorhandensein einer lauten Schönheit, die *sabi* kennzeichnet, das Farblos-Schöne gegenüber dem Prächtig-Schönen, die Schönheit des Vergehenden gegenüber der Schönheit des Üppig-Treibenden, die Schönheit eines dahinwelkenden, aber weisen Alters gegenüber der Schönheit einer kraftvollen, aber unreifen Jugend. Es sind also in dem Begriff *sabi* die Bedeutungen inbegriffen, die neben dem Altwerden im Sinne von an Erfahrungen und Einsichten reifen auch das Ansetzen einer Patina, die ja die Schönheit des Alterns ausmacht, und das Stillesein, das Ein-samwerden, das Tief-Einsame andeuten.

Wenn man diejenigen, »die auch nicht ein (be-deutendes) Gerät besitzen, aber in den drei Stufen der Bereitwilligkeit des Herzens, der schöpferischen Fähigkeit und der erbrachten Leistung vollendet sind«, als *wabi*-Meister oder *wabi*-Liebhaber be-zeichnet, so drückt es die neue Haltung dem Leben gegenüber aus. Und fügt man dann noch die Aus-sage des *Yamanoe no Sôji ki:* »Wenn einer ein Großmeister der Tee-Zeremonie geworden ist und dann nur noch eine Art von Teegerät besitzt, so kommt das einem *wabi*-Nacheifern in aller Voll-ständigkeit gleich« hinzu, so zeigen diese Worte das letzte Ziel jenes Ideals. Auch hier ist wieder das Herz der Ausgangspunkt der rechten Haltung.

Wenn wir von der Aussage »nur noch eine Art Teegerät« ausgehen, so dürfen wir darin die Er-scheinungsform des Unvollkommenen in der Tee-Zeremonie sehen. Und das Unvollkommene, Un-vollendete stellt auch der Tee-Weg in den Mittel-punkt. Aber im *wabi* liegt noch mehr. Es liegt darin das Erkennen der Grenzen des menschlichen Wol-lens gegenüber dem All, das Achten des Mit-Men-schen als ein Mit-Wesen unter allen Lebewesen, das Sich-Bescheiden und das Nichts-Seinwollen.

Einmal teilt Shukô seinem Schüler Furuichi Ha-rima in einem Briefe wichtige Verhaltensregeln mit. Er führt die folgenden Grundregeln an:

»Das Benehmen soll natürlich und nicht auffallend sein.«

»Die Blumen sollen sich leicht und gefällig dem Raum einfügen.«

»Das Abbrennen des Weihrauches soll nicht irgendwie zu streng geschehen.«

»Das Teegerät soll sich danach richten, ob die Gäste bejahrt oder jung sind.«

»Das Richten im Teeraum soll so sein, daß es das Herz des Gastgebers und des Gastes beruhigt und keinesfalls die Gedanken ablenkt. Das ist das Allerwichtigste. Zum tiefsten Herzensgrunde muß es vordringen, nichts Äußerliches darf es geben.«

> Warum gerade hier
> willst deinen Duft du spenden,
> du Wucherblume –
> Wo der Leute Gerede
> so häßlich in dieser Welt.
>
> *Shukô*

Diese Worte sprechen vom Geist des Tee-Weges, sie lassen zur gleichen Zeit eine allgemeingültige Grundregel für den Tee-Menschen erkennen: »natürlich und nicht auffallend«. Nichts Auffallendes soll die Stille des Tee-Raumes stören und die Herzen der Gäste beunruhigen. Darin liegt jene geheime Verbindung von Mensch zu Mensch eingeschlossen. Der Gastgeber stellt seine Persönlichkeit voll in Erscheinung, – durch sein Nicht-Auffallen fällt er auf. Dadurch daß sein Herz nicht mehr den Dingen verhaftet ist, beweist sich im höchsten Grade sein schöpferisches Wesen, welches so weit geht, daß es die Gäste mit in sein Wirken einbezieht. Sein Gestalten findet wohl im Formalen seinen Ausdruck, geht aber weit über das Formale hinaus und rührt – wenn es echt ist in seiner Art – am Herzen des Gastes. Aber auch der Gast findet über das Formale den Weg zum Gastgeber. Gastgeber und Gast – folgen sie dem gleichen Weg – finden zueinander. Die Tee-Gesellschaften sprechen jetzt nicht mehr die Sprache einer bestimmten Gesellschaftsklasse, sondern die Sprache eines jeden Menschen, ob vornehm, ob gering, ob reich, ob arm. Nur muß er sein Herz dem Wege öffnen. Man errichtet einen Tempel des gleichen Erlebnisses, *ichiza-kenritsu*, in dem Gleichgläubige, Schüler *eines* Weges, die eine Stille innerer Harmonie fern der Welt suchen, sich auf diesem Wege begegnen.

Hier wird die Grundlage gelegt für das *kei-wasei-jaku*, das später Richtschnur für den Tee-Weg in einem ganz besonderen Maße wurde. Nur die Einheit von Ehrfurcht, Harmonie, Reinheit und Stille geben dem Tee-Weg die letzte Entfaltung.

Shukô und das Bambusgras

Um an einem deutlichen Beispiel zu zeigen, daß man nicht nur, dem Geschmack der Welt folgend, in der Bildnische prächtige Blumen herausstellen soll, nahm Shukô das einfache Bambusgras und stellte es in einer Vase in die Bildnische seines Teeraumes.

Sôchô und sein Rapsgarten

Sôchô liebte einen verwilderten Garten. Er zerstörte seinen wohlangelegten Garten vollständig und säte überall Raps an, den er später ausdünnte. Auch hängte er, wenn er in sein Hüttlein Einkehr hielt, seinen jahrelangen Reisebegleiter, den Schirmhut, in der Bildnische an Stelle eines Bildes auf. Ein wahrhaft rührender Anblick.

Der Ein-Zeichen-Lehrer der Pflaumenblüte

In China lebte in alter Zeit unter einer gewissen Dynastie ein Dichter. Dieser schrieb einst:

Vor dem Wald mitten im tiefen Schnee
öffneten letzte Nacht ein paar Pflaumenzweige
ihre Blüten.

Dieses Gedicht ließ er einen Freund hören. Diesem war der Ausdruck »ein paar Pflaumenzweige« zu weich, und er änderte ihn um in »ein Pflaumenzweig«. Das trug ihm den Namen »Ein-Zeichen-Lehrer« ein.

Solche und ähnliche Tee-Geschichten zogen die Meister sehr gern zur Auslegung ihrer Lehre heran. Sie zeigen am konkreten Beispiel oft mehr als die Vielzahl der Worte in den verschiedenen Schriften. So sagt Shukô auch im Zusammenhang mit der letzten Geschichte, die in fast allen Schulen überliefert wird, daß sie eine Richtschnur seines Weges ist und daß einer, der ihren Sinn nicht versteht, schwerlich Eingang zum Tee-Weg finden wird.

Shukô hatte dem Leben in der Tee-Welt eine neue Form und Farbe gegeben. Die Tee-Zeremonie hatte er aus den weiträumigen Gemächern der *shoin*-Bauten in die Enge der viereinhalb Matten großen Hütte, in die Enge des Tee-Raumes verlegt. Dem prachtvoll-lauten Gerät chinesischen Ursprungs setzte er das einfach-kühle entgegen. An Stelle des Schwarzlack-*daisu* trat ein solcher aus reinem weißen Holz mit einfachen Bambusstützen. Bei der Verwendung chinesischen Tee-Gerätes legte er Wert auf Stücke eines Stiles, der *wabi* – und damit auch *sabi* – verriet, selbst wenn diese an Material und Ausführung geringwertiger waren. Aus Silber und Elfenbein gearbeitete Tee-Löffel lehnte er ab und benutzte aus Bambus gefertigte. Auch die Blumen ordnete man in einer leichten und gefälligen Form an. So half sein Wirken der Entwicklung eines Tee-Weges, der sich nach und nach von dem chinesisch bestimmten Geschmack allmählich freimachen konnte und eine eigene, japanische Form fand. Dadurch wurde er aus seiner engen Bindung zu der ritterlichen Gesellschaftsschicht befreit und dem Volke in seiner Gesamtheit zugänglich gemacht.

JÔÔ

Der zweite Großmeister des Tee-Weges ist Takeno Jôô (1502–1555). Seine Familie stammte aus der Provinz Wakasa. Während der Bürgerkriege und Wirren der Onin-Zeit (1467–1477) war sein Großvater im Kampfe gefallen. Sein Vater war danach schließlich in der Stadt Sakai seßhaft geworden und hatte sich als Ledergroßhändler bald ein Vermögen erworben. In diese Familie und ihre Umgebung wurde Jôô geboren. Er wuchs also in einer weit anderen Umgebung auf als Shukô. Sein Vater ließ ihn nach alter Familientradition erziehen. In Kyôto studierte er unter Sanjô Nishi Sanetaka die Kunst des Dichtens. Bei dieser Gelegenheit hörte er von seinem Lehrer eine Auslegung der Poetikschrift *Eigataigai* des Fujiwara Teika (1162–1242), die ihn zu manchen Formulierungen seines Tee-Weges anregte. Auf Vorschlag seines Lehrers wurde er im 9. Monat des Jahres 1530 mit dem Ehrentitel »Statthalter von Inaba, im folgenden Fünften Hofrang, unten« ausgezeichnet. Daneben beschäftigte sich Jôô auch mit dem Kettengedicht. Sein Hauptinteresse galt aber sehr bald der Tee-Zeremonie, die er unter den Shukô-Schülern Fujita Sôri, Jûshiya Sôgo und Sôchin studierte, aber bald mit eigenen Gedanken anfüllte. Die Lehre des Jôô gab also dem Tee-Weg ein neues Gesicht. Mit einunddreißig Jahren nahm er die Tonsur und ließ sich zunächst in Sakai, später in der Hauptstadt Kyôto nieder. Dort baute er sich seinen Tee-Raum. Sein Tee-Raum wies als Sonderheit eine mit einem großen Rundfenster ausgestattete Bildnische auf. Die Größe des Tee-Raumes betrug dreieinhalb Matten. Sein Teegerät beschränkte er auf sechzig ausgewählte Stücke, die alle – er genoß als Kenner einen außerordentlichen Ruhm – *sabi* und *wabi* aufwiesen und als die »erlesenen Stücke des Jôô« bekannt wurden.

Jedwedes Teegerät, das zu »laut« ist, muß man ablehnen. Im Tee-Raum soll alles in Harmonie zueinander stehen, Gerät mit Gerät, Gerät mit Blumen, Gerät mit Menschen. Die an der Tee-Zeremonie Teilnehmenden müssen sich in Aufrichtigkeit erschöpfen, dann entsteht von selbst eine »feierliche Einsamkeit«. Diese aber kann wiederum nur dann entstehen, wenn alles aus einem Herzen heraus geschaffen wird, das den Dingen der Welt gegenüber frei ist. Durch ein unermüdliches Praktizieren erreicht man schließlich den wahren Weg und wird dann als Tee-Mensch zu einem »Spiegel der Menschen«. Hier erkennen wir eine starke Betonung der praktischen Anwendung des Tee-Weges. Jôô verwendet häufig den Ausdruck *shiorashiku kirei*. Auch in diesem *shiorashiku* ist das *shioru* verborgen im Sinne von »verwelken, welk werden, welk herabhängen«, und wir müssen es in Beziehung zu dem oben im Zusammenhang mit Shukô Dargestellten bringen. Der Ausdruck *shiorashiku kirei* bezeichnet eine sanfte, unaufdringliche Schönheit, so wie jene »der morgenfeuchten Blüten der Hecke«, von denen uns ein Gedicht gesungen hatte. Auch hier spielen die Gedanken der Geheimüberlieferung der Nô-Kunst herein, und auch die der Poetik. Es ist diese sanfte, unaufdringliche, aber doch nachhallende Schönheit, wie sie uns aus zahlreichen Gedichten des *Shinkokinshû* (1205) anspricht, eine Schönheit, hinter der eine »wahre Reinheit des Herzens« steht.

Immer hat Jôô gewußt, dieser von ihm geforderten Schönheit und der von ihr ausgehenden Stimmung in seiner praktischen Ausübung Gestalt zu geben. An einem kalten und weißverschneiten Wintertag stellte er, so wird uns berichtet, in der Bildnische seines Tee-Raumes an Stelle der Blumen nur ein mit klarem Wasser gefülltes Gefäß aus. Dadurch wollte er die reine Schönheit des Schnees, die die Vergänglichkeit schon in sich trägt, noch unterstreichen.

»Das Wort *wabi* haben die Dichter der vergangenen Zeiten in vielen ihrer Gedichte verwendet, jedoch in der gegenwärtigen Zeit bedeutet es, sich in aller Aufrichtigkeit unter strenger Selbstkontrolle halten und in Bescheidenheit leben.« Dies steht in einem Schreiben an seinen Schüler Rikyû, das im *Kokinchasetsu shû* aufgenommen ist. Das Sich-unter-Selbstkontrolle-Halten, *tsutsushimi-fukaku,* umgreift aber als Doppelsinn gleichzeitig die Form der Beziehung zum Mit-Menschen ein, jenes Sich-in-Ehrerbietung-Nähern. »Das Benehmen des Gastgebers soll im Herzen wahrhaft dem Gast Ehrerbietung entgegenbringen« und »auch bei einer gewöhnlichen Tee-Zeremonie soll man, wenn man den Gartenpfad betreten hat bis hin zum letzten Ende, dem Gastgeber mit Ehrerbietung nahen, als wenn es ein einziges und einmaliges Zusammentreffen sei«. Diese Regeln gibt das *Yamanoe no Sôji ki.* Diese Gedanken spielen auf das Wort von »den Blumen, die eine Wertschätzung der Jahreszeit sind« an, denn auch die Menschen können ihre »Jahreszeit« nicht überschreiten, und niemand weiß, wann seine eigene endet. »Eine Tee-Zeremonie, die nicht das Herz des Gastes erreicht, ist unverzeihlich«, führt

Jôô an anderer Stelle aus, »sie zeigt nicht den wahren Weg.«

Die Tradition des Shukô fortsetzend, stehen zwei Meister im Vordergrund, Insetsu und Jôô. Der spätere Tee-Meister Katagiri Sekishu berichtet über ihre geistige Grundhaltung:

»Die grundlegenden Ideen der drei Meister zeigen sich in den folgenden Gedichten.

Shukô:

Wohin ich auch schaue,
Blumen und buntes Herbstlaub
nicht einmal gibt es –
ein Strohhüttlein an der Bucht
beim Abendzwielicht im Herbst.

Dies Gedicht besitzt tiefes Gefühl. Es ist ein solches, welches auf den Stil der ›Einsamkeit und Stille‹, *sabitaru tai,* vor allem Gewicht legt. Rikyû liebte es.

Insetsu:

O die Einsamkeit!
Nicht einmal ihre Farbe
lassen sie sehen,
des Zedernberges Zedern
beim Abendzwielicht im Herbst.

Dies Gedicht zeigt nichts anderes als den Stil der ›Farblosigkeit‹, *mushokutai.* (Furuta) Oribe liebte ihn. Insetsu begründete ihn.

Jôô

Des Regenschauers
Tau ist noch nicht vergangen.
Von der Zedern Nadeln
steigt hauchfein Nebel empor
beim Abendzwielicht im Herbst.

Dies Gedicht zeigt den Stil der ›geläuterten Heiterkeit‹, *sawayaka naru tai*. (Sen) Dôan liebte ihn. Jôô begründete ihn. In ihm liegt die Grundlage der Tee-Zeremonie.«

RIKYÛ

Sen Sôeki Rikyû, mit eigentlichem Namen Tanaka, stammte aus Sakai, wo sein Vater Fischhändler war. Sein Großvater Tanaka Dôetsu Sen'ami gehörte zu den Günstlingen des Shôguns Yoshimasa. Seinem Namen. entnahm Rikyû das Schriftzeichen *sen* und nannte sich und sein Haus fortan *Sen*. Durch seinen Vater kam Rikyû frühzeitig mit dem Tee-Weg in Berührung und nahm seine ersten Studien unter einem Meister der Higashiyama-Schule auf. Dies war Kitamuki Dôchin, der seinen so außergewöhnlich talentierten Schüler an Jôô weiterempfahl. Rikyû war also mit beiden Lehrrichtungen vertraut, mit der hauptstädtischen Richtung der Higashiyama-Schule und mit der strengeren Shukô- oder Nara-Schule, welche Jôô vertrat. Sein Lehrer im Zen war der Priester Shôrei Shûkin im Daitoku-Tempel, von dem er seinen Zen-Namen Sôeki erhielt.

Rikyû brachte dem Großmeister Shukô eine starke Verehrung entgegen und erwarb zahlreiches Tee-Gerät, das einst in dessen Besitz gewesen war. Nachdem er seine Studien abgeschlossen hatte, ließ er sich in Sakai nieder und stand mit den beiden Meistern Imai Sôkyû und Tsuda Sôkyû in engem Verkehr. Mit diesen zusammen wurde er auch an den Hof des Nobunaga gerufen. Später diente er in gleicher Stellung dem Nachfolger Nobunagas und wurde auch von diesem, Toyotomi Hideyoshi, mit vielen Ehrungen überhäuft. Unter Hideyoshi wirkte er zusammen mit Sôkyû an der großen Tee-Gesellschaft von Kitano mit. Aber auch bei dem Kaiserhause war das Ansehen Rikyûs groß, doch er lehnte die Verleihung eines Hofranges ab und nahm vom Tennô nur den Ehrentitel *Koji* an. Das geschah im Jahre 1585.

Am 28. Tage des 2. Monats im Jahre 1591 endete Rikyû sein Leben durch *seppuku,* den ritterlichen Freitod, den Hideyoshi über ihn verhängt hatte.

Rikyû war der große Vollender all der Gedanken, die seine beiden bedeutenden Vorgänger in ihren Lehren dargestellt hatten. Die Quellen bezeichnen ihn als einen Menschen, der ein Herz tiefempfindenden Mitgefühls besaß, der die Schönheit des Dahinwelkens ebenso erfühlte wie jene Stille ohne innere Bewegung. Er trug die Sehnsucht nach dem *wabi* im Herzen und war doch kein armer Mönch, der in seiner Einsiedelei von der Welt fern lebte. Rikyû stand mitten im aufregendsten Leben, er war – das darf man ohne Einschränkung sagen – maßgebend daran beteiligt. Seine Einkünfte waren nicht gering, erhielt er doch von Hideyoshi eine Besoldung von 3000 Koku Reis. Und doch blieb er ein wahrer Tee-Mensch.

Hideyoshi und die Windenblüte

Hideyoshi hatte davon gehört, daß Rikyû in seinem Garten wundervolle Winden zog, von deren Pracht ein jeder zu erzählen wußte. So wollte auch er diese Blütenpracht sehen und ließ Rikyû von der Absicht seines Besuches wissen. Er kam und betrat den Garten des Rikyû. Nicht eine einzige Winde war zu sehen. Erst als er den Tee-Raum betrat, da fand er in der Bildnische eine einzige Windenblüte von auserlesenster Schönheit. Rikyû hatte am frühen Morgen alle Winden seines Gartens herausgerissen und nur diese einzige Blüte bewahrt.

Die Schale mit den Pflaumenblüten

Eines Tages befahl Hideyoshi den Meister Rikyû zu sich. Vor ihm stand eine goldene Schale, mit Wasser gefüllt. Daneben lag ein einzelner Zweig roter Pflaumenblüten. »Ordne diese an«, befahl Hideyoshi. Rikyû ließ sich nieder und ergriff, ohne auch nur einen Augenblick zu zögern, den Zweig mit der einen Hand und streifte mit der anderen die Blüten so ab, daß sie auf die Wasseroberfläche fielen. Die auf dem Wasser treibenden Blütenblätter und Knospen boten einen unbeschreiblich schönen Anblick. Selbst Hideyoshi rief bewundernd aus: »Da wollte ich nun meines Rikyû bekümmertes Gesicht sehen, aber es blieb unbekümmert!«

Diese beiden Teegeschichten zeigen uns den echten Tee-Menschen Rikyû. Er erkennt wohl die Spitzen, mit denen Hideyoshi auf ihn zielt, aber er kennt auch die Gesetze seines Weges. Und in seiner Belehrung übertrifft er Hideyoshi in einer Form, welcher dieser nicht gewachsen ist. Vor allem die Lösung der Anordnung der Pflaumenblüten in einer flachen Schale – nach den Gesetzen der Blumenkunst eine ohne technische Hilfsmittel unmögliche Aufgabe – zeigt die große schöpferische Fähigkeit eines Rikyû, die darüber hinaus den Forderungen des Tee-Weges, *sabi* und *wabi* zu wahren, und der eignen Ablehnung des »Lauen« in seltener Vollendung gerecht wird. So muß ein Tee-Mensch handeln, denn »auf dem Tee-Weg gibt es kein Gewitzigtsein des Verstandes, kein laues Handeln, allein die innere Hingabe an ein natürlich-schönes Gestalten ist wesentlich. So hat schon der ehrwürdige Jôô gesprochen. So wie ein alt-verschrumpfter Baum unter dem Schnee herabgebogen, inmitten einer so ganz weltabgewandten Zeremonie etwas Sanft-Unaufdringliches entstehen zu lassen, das ist schwer. Man muß es üben.«

Rikyû fegt den Tee-Garten

Sein Lehrer Jôô gab Rikyû einst den Auftrag, den Tee-Garten zu fegen. In Wirklichkeit war aber der Garten so sauber gefegt, daß man auch nicht ein einziges herabgefallenes Blatt erspähen konnte. Rikyû, dem der Auftrag gegeben worden war, einen derart gut gefegten Garten nochmals zu fegen, ging sofort in den Garten hinaus und trat zu einem Baum, den er, ihn mit beiden Händen fassend, ganz leicht schüttelte. Er beobachtete, wie vier, fünf Blätter, langsam herabwirbelnd, zu Boden fielen und kehrte in das Haus zurück. Meister Jôô betrachtete den Garten und lobte Rikyû mit den Worten: »Das kann man wahrhaft das rechte Fegen nennen.«

Rikyû und Jôchi

An einem tiefverschneiten Winterabend zog Rikyû seinen Wettermantel aus Stroh an und besuchte unverhofft seinen Freund Jôchi. Während er den Gartenpfad entlangschritt, entledigte er sich seines Wettermantels und seines breitkrempigen Wetterhutes. Doch da kam Jôchi schon zu seinem Willkomm entgegen. Sofort zog Rikyû aus seinem linken Ärmel ein Räuchergefäß, das er sich, um seinen Körper ein wenig zu erwärmen, eingesteckt hatte. Er streckte es, ohne ein Wort zu sprechen, dem Jôchi entgegen. Dieser nahm es mit der linken Hand entgegen und überreichte Rikyû gleichzeitig sein eignes Räuchergefäß, das er mit der rechten Hand ebenfalls aus seinem linken Ärmel gezogen hatte.

Rikyû und der Trittstein

Eines Tages weilte der Meister im Hause seines ältesten Sohnes Dôan. Als er den Gartenpfad entlangschritt, äußerte er lächelnd und mit leiser Stimme zu einem Mitgaste: »Unter den Trittsteinen steht einer etwas höher aus dem Boden heraus. Dôan scheint dies entgangen zu sein.« Sein Sohn Dôan aber hörte diese Bemerkung und bewunderte das feine Gefühl seines Vaters. In einem unbemerkten Augenblick richtete er den Trittstein und machte seine Arbeit mit größter Sorgfalt unerkennbar. Als die Tee-Zeremonie beendet war und Rikyû den Gartenpfad zurückschritt, blieb er auf diesem Trittstein stehen und meinte: »Hm, jetzt steht er richtig. Dôan scheint mein Gespräch gehört zu haben. Das ist wirklich eine schnelle Arbeit.« Und er freute sich darüber.

Rikyû und die Schwertablage

Rikyû war schon ein reifer Mann, als die Kriegswolken sich über den fünf inneren Provinzen noch immer nicht verzogen hatten. Furcht und Unruhe beherrschten die Herzen der Menschen. Nur in der Gegend von Sakai war es verhältnismäßig friedlich, und Rikyû freute sich tagein, tagaus an der Tee-Zeremonie. Aber in dieser Zeit der Unruhe fand auch Rikyû bei seiner Tee-Zeremonie nicht den rechten Herzensfrieden, denn seine Gäste waren oft bedeutende Krieger, die schwertgegürtet zum Teeraum kamen. Aus diesem Grunde erfand Rikyû eine Schwertablage und befestigte diese an der Wand neben dem Eingang zum Teeraum. Er begrüßte seine Gäste mit den folgenden Worten: »Meine heutigen Gäste stehen mir alle nahe und werden mir ein paar unhöfliche Worte verzeihen. In unseren Tagen ist die Welt voller Unruhe und man betrachtet sich gegenseitig mit Sorge. Ich habe nun vor dem Eingang eine Schwertablage eingerichtet. Wenn es meinen Gästen nicht unangenehm ist, so bitte ich sie, ihre Schwerter dort abzulegen und dann sich am Tee zu erfreuen.«

Die Hacke des Dôroku

Als Rikyû einst in Nara den Dôroku aufsuchte, fand er diesen bei der Feldarbeit auf seinem Acker. Sie kehrten zusammen heim und traten in das Haus. Dort fand Rikyû in der Bildnische eine Hacke stehen, wie sie Dôroku bei der Feldarbeit benutzt hatte. Sie war noch feucht und schmutzig. An einem solchen Platz das Gerät aufzustellen, das für seinen Besitzer einen ganz besonderen Wert darstellte, einen solchen Geschmack fand Rikyû bewundernswert.

Bitterwurz und Chrysantheme

Das waren beides Blumen, die Rikyû nicht schätzte. Sie halten sich, abgeschnitten, zu lange Zeit und bieten nichts von der Schönheit des Augenblicks, von der Begrenztheit des Lebens in seiner Vergänglichkeit.

Der Tee des Hariya Sôshun

An einem Tage, an dem es heftig schneite, wartete Rikyû seinem Gönner Hideyoshi auf. Man sprach über dies und jenes, und am Ende fragte man, wer an so einem Tage wohl den Wasserkessel über der Feuergrube des Tee-Raumes haben könnte. Rikyû meinte, das müßte bestimmt Hariya Sôshun, sein Schüler, sein. Hideyoshi beschloß, ihn trotz des heftigen Schneefalls zusammen mit Rikyû aufzusuchen. Sôshun, der niemals daran gedacht hatte, daß ein Hideyoshi ihn in einer solchen Nacht überraschen würde, war sehr erstaunt, aber er ließ es sich nicht merken. Einer Eingebung folgend, bot er weißen Reis als Kuchen an. Das Weiß des Schnees, das aus der dunklen Nacht herleuchtete, das leise Singen des Wasserkessels und vor den Augen die Frische des weißen Reises, dieses Gefühl der Reinheit fand das Lob des Hideyoshi, und Rikyû erfreute sich an der Erfindungsgabe seines Schülers.

Diese Tee-Geschichten zeichnen ein lebendiges Bild des Rikyû. Sie sprechen von seinen Tee-Idealen und davon, daß der geistige Gehalt ihm mehr bedeutete als die bloße Form, die er allerdings ebenfalls beachtet wissen wollte. Es kam ihm nicht auf Herkunft und Rang an, sondern auf den Menschen selbst. Rikyû war es, der den für hochstehende Personen bisher vorgesehenen, besonderen Eingang zum Tee-Raum, den *kijinguchi,* abschaffte und durch einen niederen Eingang, *nijiriguchi,* den man nur gebeugt durchschreiten konnte, ersetzte. Zahlreiche der heute verwendeten Teeregeln gehen auf Rikyû zurück, aber auch die mit dem Tee-Weg verbundenen Künste, die Blumen-Kunst, die Töpferei und andere, zeigen die Stärke seines Einflusses. Eine jedwede Handlung im Tee-Raum war bis in ihre letzte Auswirkung durchlebt, Gehalt und Form standen in einer inneren Harmonie und trugen dabei doch den Notwendigkeiten des Lebens Rechnung.

Die als *Shûun'an-hekisho* bekannten sieben Tee-Regeln, welche Rikyû und sein Schüler Nambô Sôkei gemeinsam verfaßten und auf die Wand der Shûun-Klause im Nanshû-Tempel von Sakai niederschrieben, zeigen uns noch einmal die Lehre seiner Schule.

»Wenn die Gäste in das Wartehäuslein gekommen sind und sich dort alle gleichgesinnten Teilnehmer versammelt haben, kündigt sich der Gastgeber durch Schläge auf einen hölzernen Gong an.«

»Was die Handreinigung angeht, so ist das Wichtigste auf diesem Wege die Läuterung des Herzens.«

»Der Gastgeber muß den Gästen in aller Ehrerbietung entgegengehen und sie in den Teeraum geleiten. Ist der Gastgeber ein Mensch ohne Haltung und Einfall und auch das Gerät für Tee und Speisen ohne Geschmack und die Bäume und Felsen des

Tee-Gartens in ihrer natürlichen Anlage und Planung unbefriedigend, dann gehe man schleunigst wieder heim.«

»Sobald das siedende Wasser wie der Wind in den Kiefern rauscht und der Klang eines Gongs ertönt, betreten die Gäste zum zweiten Male den Tee-Raum. Unverzeihlich ist es, den rechten Augenblick bei Wasser und Feuer zu versäumen.«

»Weder in noch vor dem Tee-Raum das Gespräch weltlichen Dingen zuzuwenden, das ist ein Gebot seit altersher.«

»Bei einer wahren Versammlung dürfen weder Gast noch Gastgeber schöne Worte und glatte Mienen Zugang finden lassen.«

»Eine Versammlung darf zwei Doppelstunden nicht überschreiten. Wird aber im Gespräch über die Buddha-Lehre und ästhetische Fragen die Zeitspanne überschritten, so ist das nicht verwerflich.«

Die Forderung des *kei-wa-sei-jaku*, auf die wir im folgenden Kapitel eingehen wollen, spricht auch aus diesen Regeln. Diese Forderung ist das Endziel des Rikyû, und zahlreiche Tee-Gedichte weisen eindringlich auf diese Forderung hin.

> Ob es vorhanden,
> ob nicht, gutes Teegerät,
> wie unwesentlich!
> Der allein wahre Tee-Weg
> bedarf nicht dieser Dinge.

Der Gartenpfad! –
Fern der vergänglichen Welt
bleibt er ein Weg uns,
warum nicht hier abschütteln
den Staub von unsren Herzen?

Des Tee-Wegs Urgrund:
Wasser sieden zu lassen,
Tee zu schlagen und
ihn zu trinken, – nicht mehr!
Man sollte dies wohl wissen.

Gartenpfad, Teeraum!
Der Gast und mit ihm sein Wirt
gemeinsam beim Tee,
ihr Wirken ist Harmonie,
und nichts steht zwischen ihnen.

Zahlreiche Schüler setzten die Tradition des Meisters Rikyû fort. Herausgehoben soll hier nur ein Meister werden, der nach Rikyû eine besonders einflußreiche Stellung einnimmt. Das ist der Schloßherr von Totomi, Kobori Masakazu oder Enshû (1579 bis 1647), der Ahnherr der Enshû-Schule des Tee-Weges. Er war eine überragende Persönlichkeit seines Zeitalters. Japan verdankt ihm nicht allein die schönsten Gartenanlagen und Bauten, sondern durch seinen Einfluß eine Belebung auf fast allen Gebieten des künstlerischen Schaffens. Er war nicht nur Tee-Meister, Architekt, Gartenkünstler, er war auch Maler, Dichter, Töpfer im gleichen Maße. In Kyôto hatte er die Zen-Lehre im Daitoku-Tempel studiert, und in ihrem Geiste, verbunden mit Einflüssen aus der konfuzianischen Lehre, lebte und wirkte er. Der Tee-Weg gab ihm die innere Ausrichtung auch für den Alltag. »Es gibt außer diesem Tee-Weg keinen Weg. Gegenüber Fürst und Eltern erschöpfe man sich in Loyalität und Pietät. Die Hausangelegenheiten vernachlässige man nicht. Und vor allem lasse man den Verkehr mit alten Freunden nicht außer acht. Im Frühling sind es die feinen Nebelschleier, im Sommer der aus seinem grünen Blätterversteck rufende Kuckuck, im Herbst der die Einsamkeit noch verstärkende dunkle Abendhimmel und im Winter das helle Leuchten des Schnees; sie alle atmen das Wesen der Tee-Zeremonie ...«, so schreibt er in seinem *Kobori Enshû kakisutebumi,* und an anderer Stelle führt er aus: »Wer in seinem Herzen dem Tee-Weg verhaftet ist, für den gibt es nicht den Unterschied zwischen vertraut und nicht-vertraut, zwischen reich und arm«, und: »Wer auf diesem Wege ernsthaftes Streben hat, der verabscheue die Selbstüberheblichkeit, sonst kann er nicht vorankommen.«

So wurde der Tee-Weg durch die Jahrhunderte hindurch weiter gepflegt, und unbedeutende Wandlungen konnten kaum den Kern verändern, den Rikyû diesem Wege gegeben hatte, der nach den Worten des Meisters den Menschen in seiner äußeren Form und seiner inneren Veranlagung zur Wahrhaftigkeit erziehen sollte und für einen jeden ein »Tee-Zeremoniell der Erlösung« werden sollte.

DER TEE-WEG UND DIE ZEN-LEHRE

Staatsmänner, Feldherren, Krieger, Kaufleute, Mönche waren es, die dem Tee-Weg folgten oder selbst Meister dieses Weges wurden. Aber ganz gleich, welcher Gesellschaftsschicht ein diesem Weg folgender Mensch angehörte, wir finden kaum einen unter ihnen, der nicht durch die Schule eines Meisters im Zen in einem der großen Tempel oder Klöster gegangen wäre.

Die Bindung zwischen Tee und Zen ist also leicht zu verstehen, um so leichter noch, wenn wir daran denken, daß es überhaupt die Priester und Mönche waren, die ihn nach Japan brachten, und zwar eben in Verbindung mit ihren religiösen Übungen. Also ist es nur selbstverständlich, daß die zeremonielle Form des Tee-Trinkens eine starke Beeinflussung durch die Lehre aufnahm, der sie eben streng verbunden war. Nichts war natürlicher, als daß der Tee-Weg, nachdem er ein Weg im japanischen Sinne des Wortes geworden war, den gleichen Idealen nacheiferte, wie sie in seiner Herkunftswelt lebten.

Auch der Tee-Weg ist ein solcher, der den Menschen hinführen soll zu einer Aufhebung seines Ich, der ihn freimachen soll für das letzte große Erlebnis

der Erleuchtung. Und der bekannte Ausspruch von
der Einheit von Tee-Weg und Zen-Lehre, *chazen-
ichimi*, besteht zu Recht. Über diese enge Bindung
berichtet uns ein nachgelassenes Werk des Sen Sôtan
ausführlich, das unter dem Titel *Chazen-dôitsumi*
überliefert wurde, später aber unter einem anderen
Titel erschien. Ein Schüler des Tee-Meisters Takuan
in Edo hatte es abgeschrieben, und im Jahre 1818
erschien es als *Zencharoku*.

Beim Tee den Zen-Weg zum Mittelpunkt machen

»Beim Tee-Trinken den Zen-Weg zum Mittelpunkt
zu machen, dies nahm bei dem Zen-Meister Ikkyû
von der Purpurheide seinen Anfang. So kam es,
daß Shukô aus dem Shômyô-Tempel der Südhaupt-
stadt Nara sein geistlicher Schüler wurde. Er zeigte
eine besondere Vorliebe für alle Tee-Angelegenhei-
ten und praktizierte Tag für Tag; der Zen-Meister
Ikkyû beobachtete es und meinte, daß der Tee-Weg
mit den wesentlichen Punkten der Buddha-Lehre
sehr wohl übereinstimme, und so entstand der
Tee-Weg, der in dem geschlagenen Tee Zen-Gedanken widerspiegelt und uns in unserem eigenen
Herzen für die Lebewesen allesamt über die Lehre
des Buddha nachdenken macht. Somit ist alles, was
man in der Lehre vom Tee praktiziert, in keiner
Weise von dem Zen-Weg abweichend ...

Findet einer nun ernsthaft zum Zen-Tee eine innere Bindung, so dürfte er, wenn er nur praktizieren wollte, das eigentliche Anliegen unseres Weges

erfüllt haben. Tee zu schlagen ist im wahren Sinne
Zen-Praxis und eine geistige Übung zum klaren
Verständnis unseres eigenen Wesens. Was das We-
sen der Lehre angeht, wie sie Sâkyamuni vierzig
Jahre hindurch gelehrt, da gilt einzig und allein als
Mittel, mit dem er – aller Welten und aller Lebewesen wegen – der absoluten Erleuchtung zum
Durchbruch verhelfen wollte, das Herz. Keine andere Möglichkeit gibt es daneben. Sâkyamuni hat
seine Lehre auf verschiedene Weise dargelegt mit
Moralpredigten, Gleichnissen und Reden als
»Kunstgriff«. Auch die Lehre vom Tee ahmt in ihrer Erkenntnis diese »Kunstgriffe« nach und über-
trägt sie auf die Handlung der Tee-Bereitung; sie
wird zur Methode der Betrachtung, die den Urgrund des Selbst offenbaren möchte ...

Wer die geistige Übung im Zen-Tee, die zur Erkenntnis des Lebensgesetzes führen soll, verschmäht,
gehört wie ein Blinder, der sich selbst vernichtet
und aufgibt, zu denen, die sich mit eigner Faust
schlagen und das eigene Haupt treffen werden. Die
Anhänger unserer Schule müssen in aller Ehrfurcht
diese eine große, ethische Verpflichtung erfüllen
und den wahren Tee praktizieren, der den Geschmack des Zen hat.«

Das Praktizieren der Tee-Lehre

»Die Grundbedeutung des Tee-Weges liegt nicht
darin, das Tee-Gerät nach seinem Wert auszuwäh-
len, noch darin, bei der Tee-Bereitung über ihre

Formen zu diskutieren, sondern einzig und allein darin, in die Versenkung einzugehen, in der man das Tee-Gerät richtig handhabt, und in der religiösen Herzensübung, durch die man die Buddha-Natur in uns erfaßt. Nun, die religiöse Praxis, sich dem Tee-Weg hinzugeben und nach seinem eignen Wesen zu forschen, die hat nicht ihresgleichen. Ein Herz zu besitzen, das auch nicht einem Etwas verhaftet ist, und so das Tee-Gerät zu handhaben, das ist der Sinn der Versenkung. Selbst wenn es sich nur um das Handhaben des Tee-Löffels handelt, gebe man sein Herz ohne Einschränkung diesem Tee-Löffel hin und denke an gar nichts anderes; das ist die rechte Handhabung von Anfang bis zu Ende. Auch wenn man den Tee-Löffel beiseite legt, so tut man es mit der gleichen tiefen Hingabe des Herzens wie vorher. Und das bleibt nicht auf den Tee-Löffel allein beschränkt, es gilt im gleichen Sinne für die Handhabung eines jeden Gerätes.«

Vom wahren Sinn der Tee-Lehre

»Der wahre Sinn der Tee-Lehre ist eben der wahre Sinn der Zen-Lehre. Wer den Sinn der Zen-Lehre beiseite setzt, der findet daneben keinen Sinn einer Tee-Lehre. Wer den Geschmack am Zen nicht kennt, der kennt auch nicht den Geschmack am Tee. Hingegen bedeutet der Sinn der Tee-Lehre im profanen Gebrauch nur die Heranzüchtung einer Art Ästhetizismus. Diesen herangezüchteten Ästhetizismus hält man für den wahren Sinn des Zen-Tees, die Erscheinung einer gehabten Erleuchtung spiegelt sich auf den Gesichtern, eine eigene Arroganz entsteht, völlig unbegründet verachtet man andere, und man spricht so, als ob die Tee-Meister dieser Welt allesamt vom wahren Sinn des Tees nichts verstünden. Oder aber es heißt: Man darf den wahren Sinn des Tees nicht mit Worten zerreden und die äußere Form nicht als Lehre weitergeben; man sagt: Erfasse dein Selbst und werde erleuchtet, und man glaubt, das wäre die »Überlieferung außerhalb der Lehre«, jedoch es entsteht so nur eine falsche Theorie der Erleuchtung.«

Stärker als durch diese Worte kann die Bindung zur Zen-Lehre wohl kaum betont werden. Zu einer Deutung der vier Begriffe *kei-wa-sei-jaku,* die auf die Ehrfurcht, Harmonie, Reinheit und Stille hindeuten und das Wesen des Tee-Weges in seiner Gesamtheit umreißen, verhilft uns in treffender Weise eine Schrift des Tee- und Schwert-Meisters Takuan Shûhô, die wohl aus seinen Tee-Gesprächen mit Kobori Enshû heraus entstanden ist, das *Takuan Oshô chatei no ki.*

Teeraum-Notizen des Ehrwürdigen Takuan

»*Chanoyu* hat den Geist einer harmonischen Vereinigung von Himmel und Erde zum Ausgangspunkt und wird somit ein Mittel des Friedens, die Welt in Ordnung zu halten. Die Menschen von heutzutage machen sie allerdings wahrhaft zu einer Gelegenheit, Freunde einzuladen und Besprechungen abzuhalten, Essen und Trinken zu genießen, zu einem Diener für Mund und Magen. Darüber hinaus erschöpfen sie sich im Tee-Raum in prunkender Schönheit, suchen nach seltsam-kostbaren Gerätschaften, sind stolz auf ihre elegante Art der Zubereitung und belächeln das Ungeschick der anderen. Das aber ist nicht der ursprüngliche Sinn von *chanoyu*. Deshalb errichte man einen kleinen Raum im Schatten eines Bambushaines oder unter Bäumen, lege Wasserläufe an und Felsen, pflanze Gräser und Bäume, lege Holzkohle auf, hänge einen Kessel darüber, ordne Blumen an und bereite das Teegerät vor. Und indem wir all dies, Flüsse und Berge, die Natur der Wasserläufe und Felsen in diesen einen Raum hineinverpflanzen, erfreuen wir uns an den Landschaften der Jahreszeiten, des Schnees, des Mondes und der Blumen, erleben die Zeiten des Blühens und Welkens an den Gräsern und Bäumen, und lassen, unsere Gäste begrüßend, Ehrfurcht walten. Wir lauschen dem Wasser im Kessel, das wie der Wind in den Kiefern singt, vergessen die Sorgen und Kümmernisse der irdischen Welt, und indem wir die Wellen des Wei-Flusses aus unserem Wasserschöpfer fließen lassen, spülen wir allen Staub von unseren Herzen. So wohl ist hier wahrhaftig das Gefild heiliger Einsiedler unter den Menschen.

Der Ursprung der Schicklichkeit liegt in der Ehrfurcht, ihre Anwendung in der Wertschätzung der Harmonie. Das ist ein Wort des K'ung-tzu, welches die Anwendung der Schicklichkeit erklärt und zugleich die Richtschnur des Herzens bei *chanoyu* ist. Um ein Beispiel zu geben: Auch wenn ein Edler mit Männern von Rang zusammenkommt, so ist sein Umgang mit ihnen schlicht und einfach, aber ohne Unterwürfigkeit. Und wenn man mit Leuten niederen Standes zusammensitzt, so lasse man es nicht an Ehrfurcht fehlen, aber man vermeide Geringschätzung. So ist in der Leere etwas vorhanden, wirkt in der Harmonie und verfließt nicht; es dauert an und erheischt dazu Ehrfurcht. Es ist das Lächeln des Kâśyapa, das bejahende Nicken des Tseng-tzu, es ist der Sinn des geheimnisvollen Wesens der Soheit.

Aus diesem Grunde, angefangen bei der Planung des Tee-Raumes bis hin zu der Auswahl des Teegerätes, der Geschicklichkeit bei der Teebereitung, der Sitzordnung, der Kleidung und so weiter, darf nichts störend sein, herrsche keine Vorliebe für Prunkvoll-Schönes; mit altem Teegerät erneuere man das Herz, die Landschaften der vier Jahreszeiten vergesse man nicht, man zeige keine Unterwürfigkeit, keine Begierden, keine Überheblichkeit, in Ehrerbietung zeige man keine Nachlässigkeit. Das einfach-ehrliche, aufrichtige Handeln, das ist es, was man *chanoyu* nennt. Somit also erfreue man sich an der natürlichen Harmonie von Himmel und Erde, verpflanze Berge, Flüsse, Bäume und Felsen an die Feuerstätte und erlebe die fünf Elemente (am eigenen Ich). Man schöpfe aus dem Quell von Himmel und Erde und verspüre im Munde den Geschmack des Windes. Ist das nicht gewaltig! Die Freude an dem Geist der Harmonie von Himmel und Erde, das ist der Weg von *chanoyu*.«

Das praktische Erleben der kosmischen Gesamtheit, das die Grundlage der Mahâyâna-Lehre des Buddhismus ausmacht, steht auch hier im Vordergrund. Es gibt folgende Legende um Mahâ-Kâsyapa: Einst saß Buddha schweigend inmitten seiner Schüler. In der Hand hielt er eine Blume. Die Schüler alle sahen den Meister voller Erwartung an. Nur Kâsyapa lächelte voller Verstehen. Darauf sprach der Meister: »Mein ist der Vollbesitz der Wahrheit, der unfaßbare Nirvâna-Geist, den ich dir übergebe!« Man kann letztes Erkennen nicht erlangen, wenn man nicht gewillt ist, das verstandesmäßige Denken zu überwinden. An diese Legende denkt Takuan hier.

Daneben wendet sich Takuan in seinen Aufzeichnungen den Begriffen Ehrfurcht, Harmonie, Reinheit und Stille zu. Diese vier Begriffe spielen im Tee-Weg eine wesentliche Rolle. Unter Rikyû werden diese Begriffe sogar noch stärker betont. Auch sie haben ihren Ursprung im Zen. Sie waren Grundregeln der strengen Zucht in den Zen-Klöstern, und alte Mönchsregeln weisen genugsam darauf hin. So wird auch berichtet, daß ein Schüler des Po-yün Shou-tuan (1045–1072), eines Zen-Meisters der Sung-Zeit, diese vier Begriffe zu den Grundwahrheiten des gemeinschaftlichen Teetrinkens der Mönche erhoben hat. Und im *Zenrin-chakai-sangemon* heißt es: »Die irdische Welt ist in ihren Handlungen ohne Harmonie, und ein jeder wird von Habgier, Zorn und Unwissenheit beherrscht. Wir aber leben in Harmonie und Ehrfurcht, und unser gesamtes Handeln ist rein und still.«

Der Begriff Ehrfurcht, *kei*, umfaßt die Ehrerbietigkeit, den Respekt gegenüber anderen Menschen und gleichzeitig die Selbstkontrolle dem eignen Ich gegenüber; es schließt die Wertschätzung aller Lebewesen ein. Harmonie, *wa*, ist das harmonische Verhältnis zu allem. Diese Harmonie zeigt sich im eignen Handeln, in der Beziehung zur gesamten Umwelt und in der Einstellung zu ihr. Es ist etwas, das sich gut durch den Ausdruck »Anmut des Herzens« wiedergeben läßt. Das Zusammenwirken der beiden Begriffe läßt dieses tiefe Gefühl entstehen, das den Menschen mit allen Lebewesen verbindet und ihm an ihrem Wesen eine aufrichtig-tiefe Anteilnahme schenkt. Das eigene Herz wird, wenn es sich diesen Begriffen im Zen-Sinne hingibt, also keinen Raum mehr für irgendein Etwas hat, sondern nur für das Gegenüber, also im Sinne des *mushin* sich hingibt, dann ganz »sanft und zart«, *nagoyaka*. Die Kurzgedichte des Matsuo Bashô spiegeln diese Haltung in vielerlei Bildern.

> Den wilden Eber
> durchweht er gerade so –
> Sturm auf der Heide.

> Wintersprühregen!
> Auch das Äffchen ersehnt sich
> jetzt einen Umhang.

Sei, die Reinheit, ist eine äußere und innere Reinheit, also auch eine solche im moralisch-ethisch-religiösen Sinne. Es ist eine Reinheit, die im natürlichen Schlicht-Einfachen wurzelt. Sie zeigt sich am Teegerät und anderen Dingen ebenso wie am und im Menschen, der mit diesen umgeht. Es ist die Bereitschaft für das letzte Erleben, dem sich das Herz rein, also frei von allen Leidenschaften hingeben soll. Die Handlung auf dem Tee-Weg beginnt mit dem Waschen der Hände und dem Spülen des Mundes. Sie erfolgt während des Ganges über den Gartenpfad, der zum Tee-Raum hinführt und den Menschen aus der vergänglichen Welt des Staubes nach seiner Reinigung in die reine Welt des Tees leitet. Denn »die Tee-Zeremonie im bescheiden-schmalen Raum ist ein durch religiöse Herzensübung zu erlangender Weg, wobei die Buddha-Lehre voranstehen muß. Die Planung des Raumes und die Auserlesenheit der Speisen zu einer Unterhaltung zu machen, das ist eine Angelegenheit dieser Welt. Die Hütte unvollendet und die Speise ungenügend zu lassen, das ist wahrlich genug. Die Buddha-Lehre ist der Hauptinhalt der Tee-Zeremonie.« So spricht Rikyû, und an anderer Stelle fügt er noch hinzu, daß die Tee-Zeremonie »eine Buddha-Sphäre der Reinheit« sei.

Der Begriff Stille, *jaku*, ist nun der letzte und am schwersten zu erfassende. Er ist auch in der Geschichte des Tee-Weges den meisten Schwankungen unterworfen gewesen. Diese Stille schließt eine ganze Welt in sich ein. Es ist eine eigene Stille, eine Stille, verbunden mit dem Frieden des Herzens, mit Einsamkeit, eine Stille, die man erlebt und die doch auch gleichzeitig in einem ruht. Der Begriff schließt aber auch ein Schönheitsideal ein, das wieder in engster Verbindung mit den Begriffen *sabi* und *wabi* steht. Es fordert die Ablehnung aller Dinge, die laut und aufdringlich sind, die das Auge im unangenehmen Sinne herausfordern. Den Grundton dieses Begriffes bestimmt wiederum der Zen-Weg. Dort steht der Begriff in enger Verbindung mit dem *satori*, der Erleuchtung. Die weltlichen Begierden erlöschen, und die Versenkung in das Nichts tritt ein. Somit umfaßt unser Begriff auch den der »Leere«, *kû*, der zugleich der des Schweigens ist. Und hier müssen wir nochmals auf den Begriff Reinheit zurückgreifen. Denn auch zwischen diesem und dem Begriff Stille besteht für den Tee-Weg eine enge Bindung. Neben dem »Rein-Unbeschmutzten« spricht man von dem »rein-unbeschmutzten Wissen«, das aber ist nichts anderes als die »letzte Weisheit«, *chi'e,* das Wissen und Verstehen durch die Kraft der Intuition, also eine transzendentale Weisheit. Hier aber ist die Bindung an den Begriff Stille gefunden, in dem man die All-Einheit als die Buddha-Natur in der Buddha-Sphäre erlebt.

Kehren wir nochmals zu dem *Zencharoku* des Sen Sôtan zurück und hören wir, was uns dieses Werk noch zu deuten hat.

Wabi

»Das Schriftzeichen *wabi* wird auf dem Tee-Weg mit einer besonderen Ehrfurcht verwendet und bedeutet die Einhaltung der Gebote Buddhas. Jedoch die

Menschen dieser Welt, sie leihen sich *wabi* für die äußeren Erscheinungsformen, und innen ist dafür von einem *wabi*-Gehalt nichts zu spüren. Was soll man aus diesem Grunde sagen, wenn einer für einen Tee-Raum, der seinem Äußeren nach *wabi* atmet, Unmengen gelben Goldes verschwendet, wenn er Felder und Gärten gegen wunderlich-kostbares Porzellan eintauscht und dann vor seinen Gästen prahlt; kann man das als feinen Geschmack am *wabi* bezeichnen? Was man *wabi* nennt, das ist unvollkommen, zeigt keinen Eigenwillen und keinen Wunsch zur Vollendung . . .«

Danach gibt der Verfasser ein paar Beispiele aus der Literatur und fährt dann fort:

»Wenn man die Bedeutung des Schriftzeichens *wabi* und seine japanische Lesung betrachtet, kann der Gedanke, daß man Abhängigkeit auch für Abhängigkeit hält, gar nicht aufkommen und auch nicht der, daß unvollkommen gleich unvollkommen sei. Und man sollte begreifen, daß *wabi* jenes Unvollendete ist, das den Gedanken des Unvollendeten nicht in sich einschließt. Wenn jemand die Abhängigkeit für Abhängigkeit hält, das Unvollkommene als unvollkommen beklagt und auch das Unvollendete als unvollendet verurteilt, so ist das nicht *wabi*, und man darf einen solchen als einen wahrhaft armen Tropf bezeichnen . . .

Verliert man sich nun nicht in all diese Gedankenspekulationen, dann bewahrt man fest und unbeirrt den Geist des *wabi*, und das kommt dem Einhalten der Buddha-Gebote gleich. Aus dem Grunde entsteht, wenn man um das *wabi* weiß, keine Habgier, keine Übertretung der Verbote, keine Unbeherrschtheit, keine Nachlässigkeit, keine Aufsässigkeit und keine Torheit. Von nun an verwandelt sich Habgier in Wohltätigkeit, die Übertretung der Verbote in ein strenges Festhalten an ihnen, die Unbeherrschtheit in Duldsamkeit, die Nachlässigkeit in ernstes Streben, die Aufsässigkeit in innige Versenkung und die Torheit in Weisheit. Man nennt dies die sechs *haramitsu*, und es ist die Bezeichnung für die Fähigkeit, den Wandel eines Bodhisattva zu führen und zu vollenden. *Haramitsu* ist ein Sanskritwort und bedeutet in Übertragung »jenes Ufer erreichen«, *pâramitâ*. Die Bedeutung ist, den Pfad der Erleuchtung betreten. Und da nun das Schriftzeichen *wabi* der Nutzanwendung der sechs gleichsteht, sollte es dann nicht ein Gebot der Tee-Lehre sein, das man wahrhaftig in aller Verehrung wahren sollte?«

Und diese Lehre nun in ihrer praktischen Anwendung auf dem Tee-Weg zeigen uns Worte aus dem *Nambôroku*:

»Die Grundbedeutung des *wabi* enthüllt eine Buddha-Welt der fleckenlosen Reinheit, und selbst hier auf diesem Gartenpfade und in dem Grashüttlein fege man den Staub makellos weg. Und wenn Hausherr und Gäste im Umgang miteinander aufrichtigen Herzens sind, dann darf man in keiner Weise von Gesetzen der Zeremonie, von Vorschriften und Maßen nach Zoll und Fuß sprechen. Es ist alles nur eine Angelegenheit: vom Einrichten des Feuers, vom Sieden des Wassers bis hin zum Genießen des Tees. Anderes darf es dabei nicht geben. Das ist es, wodurch die tauklare Reinheit eines Buddha-Herzens zum Ausdruck kommt. Wenn man auf das Zeremonielle und die Höflichkeitsform bedacht ist, dann fällt man auf die verschiedentlichsten weltlichen Verpflichtungen zurück, und es kommt dazu, daß entweder der Gast den Nachlässigkeiten des Hausherrn nachgeht und sie bemäntelt oder der Hausherr sich an den Nachlässigkeiten des Gastes belustigt. Es gibt keine Zeit, die einen Menschen besitzt, der das alles bis in die letzte Feinheit und Tiefe erfaßt hat. Wenn Chao Chou der Gastgeber und der erste Zen-Patriarch der Gast wäre und Meister Rikyû und ich selbst den Staub auf dem Gartenpfad aufkehren würden, das möchte eine Versammlung in Vollendung sein.«

Damit erkennen wir die andere, verborgene Seite des *wabi*, die uns ein ganz buddhistisches Gesicht zeigt. *Wabi* ist also auch die sittliche Vollkommenheit des Buddha-Gläubigen, angewandt auf die Jünger des Tee-Wegs. Es ist das, was man im Herzen trägt, ohne es nach außen zur Schau zu stellen, solange es nicht in vollkommener Übereinstimmung mit dem Herzen ist. *Wabi* ist die »Freude eines Mönchleins im windzerflatterten Gewande«. Es ist eine bewußte Armut, die durch das Wissen darum nicht mehr Armut ist. *Wabi* ist das Sich-selbst-genug-Sein, das die Zen-Mönche und Zen-Dichter empfanden, wenn sie zu ihren langen Wanderfahrten hinauszogen, um die letzten Erfahrungen zu suchen. In Armut wanderten sie durch das Land, überquerten hohe Berge, durchwateten breite Flüsse, durchquerten einsam-dunkle Wälder und lernten so das Gefühl dieses Einsam-Seins kennen, das mit einer jeden Regung der Natur verbunden war. Hier erschlossen sich den Wandernden die Sinne für die letzten Zusammenhänge, hier erlebten sie die »Stille«, die große »Leere«.

Hier sprechen auch die Gedanken des großen Zen-Meisters, der durch seine Lehre wieder die Meister des Tee-Weges stärkstens beeinflußt hat, denn viele von ihnen waren seine Schüler im Zen. Ikkyû-Worte überliefert uns das *Gaikotsu*. Dort heißt es:

»Tut die Vorstellung von Euch ab, es existiere ein Selbst. Laßt Euch einfach treiben in dem flüchtigen Wolkenwind, der Euer Leib ist.

Unausweichlich werden alle Dinge leer, und dieses ›Leerwerden‹ bedeutet Rückkehr an den Ort des ursprünglichen Seins. Die Ideen, die durch die oder jene Verbindung in uns entstehen mögen, wenn wir vor einer Wand sitzen, sind ohne Wirklichkeit, und auch die Predigten in über fünfzig Jahren sind ohne sie.«

Gleiche Gedanken in einem anderen Bild finden wir bei dem Dichter-Mönch Matsuo Bashô, wenn er in seinem Reisetagebuch *U-tatsu-kikô* von seinem Wege spricht:

»In meinem Körper lebt ein Etwas. Geben wir ihm vorläufig einen Namen und nennen es ›ein Mönchlein im windzerflatterten Gewande‹. Meinen wir aber wirklich das leicht vom Winde Zerflattertwerden eines dünnen Gewandes? Dieser Bursche liebte lange Zeit das Dichten von Kurzgedichten. Ja, er machte es schließlich zur Lebensaufgabe. Manchmal aber ist es ihm leid, und er möchte es aufgeben, manchmal treibt ihn ein Eifer voran, und er fühlt den Ehrgeiz, andere darin zu übertreffen. Einmal so, einmal so, die Gefühle streiten in seiner Brust, und das läßt ihn ruhelos bleiben. Eine Weile wünschte er, eine Stellung in der Welt zu erwerben, aber dieses Etwas hielt ihn wieder davon ab. Ein anderes Mal hegte er den Wunsch, das Studium der Zen-Lehre zu betreiben und sein Unwissen zu erleuchten, aber auch hier ließ ihn das Etwas die Gedanken wieder aufgeben. Und so ist er ein Nichtkönner und ohne Fertigkeiten geblieben, außer daß er standhaft diesem einen Weg verbunden war. Den Saigyô in seinen Gedichten, Sôgi in seinen Kettengedichten, Sesshû in seinen Tuschbildern und Rikyû in seiner Tee-Zeremonie gesucht hat, dieser einzige Weg, der in all ihren Werken wirkt, ist es. Und wer diesen Weg liebt, folgt den Gesetzen der Natur und wird zum Freund der Jahreszeiten. Was immer er sieht, Blumen müssen es sein. Was immer er fühlt, der Mond muß es sein. Wenn in seinem Gestalten die Blume nicht ist, ist er wie ein Barbar. Wenn in seinem Fühlen die Blume nicht ist, ist er wie ein Tier. Trenne dich vom Barbarischen, scheide dich vom Tier, folge den Gesetzen der Natur, kehre zu ihr zurück.« Und an einer anderen Stelle: ». . . ein Verlangen nach den verwehenden Winden und Wolken erfaßte mein Herz und das Wesen der Blumen und Vögel wollte ich erfühlen.« Das ist die gleiche Sehnsucht nach der letzten Erkenntnis, wie sie auch die Tee-Meister uns in ihren Werken künden. Hier liegt auch die Begründung der Gedanken eines Rikyû, wenn er den Tee-Weg seiner Prägung, eine »Tee-Zeremonie der Erlösung« nennt. Das *Zencharoku* nimmt diese Gedanken auf und spricht in einem seiner Kapitel von der Wandlung durch die Lehre vom Tee. Hier klingt das an, was Kitayama Junyu in seiner »Metaphysik des Buddhismus« ausführt: »Das absolute, wahre Sein (die absolute Nirvâna-Welt) tritt aus dem Verhängnis des Erkanntwerdens (der Gegensätzlichkeit) heraus. Die große Liebe und die absolute Vernunft ergänzen sich gegenseitig. Infolgedessen bleibt der Erlöste weder im Leben und Tod, Werden und Vergehen: Sein, noch im Nirvâna stehen. Er ist auf die Endlosigkeit der Zukunft hin tätig, um den Lebewesen Segen zu bringen, und zugleich ist er in die ewige Stille verwandelt.«

Das Streben auf dem Tee-Weg ist nun nichts anderes als das Streben nach dieser Wandlung, bei der man sich auf das Walten der Natur verlassen muß und die man nicht suchen darf. »Wir folgen diesen Gesetzen, und wenn wir den Tee-Raum betreten, vertrauen wir uns dem von selbst wirkenden Walten der Natur an, geben unser kleines Wissen auf und nähern uns der absoluten Leere und Stille; das müssen wir vom Anfang bis zum Ende verwirklichen. So sind wiederum der unterscheidenden Bezeichnungen für den Zen-Tee wenige, und es gibt keine Vorschrift, daß man ihn als etwas Geheimes im verborgenen praktizieren soll. Wenn man aber nach jenen benannten Tee-Formen Verlangen hat und seine Zeit in der Hoffnung auf eine Buddhaschaft vergeudet, vollendet man den wahren Weg des Zen-Tee nicht, und wann könnte man dann das Mysterium der Wandlung erreichen? Bewahrt man aber die echte Form des Zen-Tee und eifert ihr in religiöser Hingabe und Übung nach, dann wird man ganz von selbst in das Mysterium der Wandlung eintreten.«

In solchen Gedankengängen wird der Tee-Weg schließlich weit über das Ideal eines Rikyû hinausgeführt, die verschiedenen Arten der Tee-Zeremonie, mögen sie die reizvollsten Namen tragen wie Tee beim Schnee, Tee bei Blumen, Tee bei Mondschein, Tee beim Holzfeuer oder ähnliche, als nutzlos abgelehnt. Das Praktizieren, diese religiöse Herzensübung, allein ist das einzig Wesentliche. Dadurch erreicht man schließlich die Erleuchtung ganz von selbst, wenn man sie gar nicht erwartet. Und »man sollte auch um den Sinn wissen, der beim wahren Tee in die Existenz von Gast und Gastgeber das eine Schriftzeichen ›Nichts‹, *mu,* hineinträgt. So liest man im *Dentôroku* die Worte: ›In der Feuerstätte gibt es weder Gast noch Gastgeber‹.«

»Ohne Gesicht war anfangs der Tee-Weg,
Eifer, Beherrschtheit allein sein natürlich Gesetz.
Doch, ob Regeln es gibt, ob nicht,

gibt nur den Willen man auf,
folgt wie ein Wunder die Wandlung.«

DER TEE-RAUM UND DER TEE-GARTEN

Der Tee-Raum und Tee-Garten sind eine harmonische Einheit und sollen aus diesem Grunde hier
auch gemeinsam behandelt werden. Der Tee-Raum
unterscheidet sich von anderen Bauwerken und -for-
men der japanischen Architektur deutlich. Zeigen
die gewaltigen Tempelbauten Wucht und Schwere,
betont durch schwergewichtige Ziegeldächer, weit-
ausladende Dachtraufen und nicht zuletzt durch
massiv-gewaltiges Pfeilerwerk, und bleiben gleichsam Mahnmale auch für die kommenden Zeiten, so
ist der Charakter des Tee-Raumes vergänglicher
Natur. Schon die Wahl des Baumaterials deutet
darauf hin. Aber er wollte ja auch nichts anderes
sein als eine »Einsiedelei« inmitten dieser Welt der
Vergänglichkeit, die seinem Bewohner Fluchtstätte
werden konnte. Die Form und der Charakter des
Tee-Raumes wandelten sich mit der Entwicklung der
Tee-Lehre.

Wie eng der Tee und sein Gebrauch in Japan mit
dem mönchischen Leben der Zen-Klöster verbunden
war, haben wir bereits gesehen. Keiner der Tee-
Meister übte seine Kunst aus, ohne daß er nicht die
Grundlage dazu durch Zen-Studien und -Übungen
gelegt hätte. Was war also natürlicher, als daß sich
auch im Tee-Raum der Geist und die Atmosphäre
dieser Lehrstätten widerspiegelte? Waren die

buddhistischen Tempel anderer Sekten vor allem Anbetungsstätten und Wallfahrtsorte, so unterschieden sich auch hierin der Zen-Tempel oder das Zen-Kloster von ihnen. Sie waren nichts anderes als Wohn- und Studierraum der Mönche. Im Tempel wohnten, praktizierten und arbeiteten sie. Sie suchten den Sinn ihres Seins im Selbst, also keine Ablenkung durch Äußerlichkeiten. Die Tempel des Zen sind Heiligtümer einer eignen Art. Ihre Räume sind einfach und nüchtern, selbst die Haupthalle ist fast schmucklos und zeigt nicht die übliche Überladenheit anderer buddhistischer Heiligtümer. Ein Bildnis des Buddha oder seines Schülers Kâśyapa oder des Zen-Patriarchen Bodhidharma allein ist dort zu finden. Man denkt hier unbewußt an die Geschichte des Gesprächs zwischen Bodhidharma und dem chinesischen Kaiser Wu. Auf die Frage des Kaisers, welches der Sinn der heiligen Lehre sei, antwortete der Zen-Meister: »Wo alles unendliche ›Leerheit‹ ist, da kann nichts ›heilig‹ genannt werden!« Oder an die Geschichte des Priesters Tanka, der an einem eiskalten Wintertage eine hölzerne Buddha-Statue gebrauchte, um sich ein wärmendes Feuer anzuzünden. Als ihn ein Mönch auf das Frevelhafte seines Tuns aufmerksam machte, bedeutete Tanka dem Mahner, daß er den kostbaren Edelstein suche, der sich nach der Verbrennung im Körper eines Buddha bilden soll. Als der Mönch entgegnete, daß er bestimmt keinen solchen finden werde, erwiderte Tanka gelassen, dann sei es eben kein Buddha gewesen, und seine Tat nicht frevelhaft. Und damit wandte er sich seinem wärmenden Feuer zu. Und dieser Geist des Zen – einfach, nüchtern, aber tief – beeinflußte die Gestaltung des Tee-Raums.

Für den Tee-Raum kennt der Japaner verschiedene Bezeichnungen, die jeweils auf seine Form und seinen Charakter hindeuten. Wir finden als Bezeichnungen für den Tee-Raum Ausdrücke wie *chatei, kakoi, sukiya, chaseki, chashitsu, chaya, sôan* und andere. Die Benennung *chatei* bezog sich auf den Tee-Pavillon, wie er zur Zeit der Tee-Wettstreite verwendet wurde. *Kakoi*, das Wort bedeutet »Eingefriedetes«, weist auf die Tee-Zeremonie in den Räumen der *shoin*-Bauten hin. Hier wurde von der Gesamtgröße des Raumes, der oft achtzehn Matten, *tatami*, weit ist, durch Aufstellen von Wandschirmen ein Teilabschnitt von vierundeinhalb Matten abgetrennt. Hier finden wir also schon die spätere Normalgröße des Tee-Raumes. *Chashitsu* bedeutet im eigentlichen Sinne einen Tee-Raum, der dem Wohnhaus an- oder gar eingebaut ist, während *chaseki* ein alleinstehender Tee-Raum ist. *Chaya* und *sôan* deuten auf einen temporären Tee-Raum hin. Der während der Zeit der Entwicklung der Tee-Zeremonie am weitesten im Gebrauch stehende Ausdruck war aber *sukiya*, über den noch zu sprechen sein wird.

Die Angaben zeigen, daß die Größe des Tee-Raumes durch die Anzahl der verwendeten Fußbodenmatten, *tatami*, bestimmt wird. Da eine *tatami* die Größe von ungefähr 90 zu 180 Zentimeter besitzt, hat also ein Vierundeinhalb-Matten-Tee-Raum etwa drei Meter im Quadrat. Die normale Größe ist diese, aber daneben entwickelten sich auch verschiedene Varianten. So findet man Tee-Räume von sechs Matten neben solchen von drei, zwei und einundeinhalb Matten. Besonders Rikyû liebte die ausgesprochen kleinen Räume.

Wenden wir uns nochmals kurz dem Ausdruck *sukiya* zu. Wie wir aus den Ausführungen des *Yamanoe no Sôji ki* gesehen hatten, machte man feine Unterschiede unter den Anhängern der Tee-Zeremonie, die damals allgemein *sukisha* genannt wurden. Man unterschied unter ihnen solche, die sich unter dem Gerät und in dem Formalen gut auskannten, es also darin zu einer gewissen Meisterschaft gebracht hatten, von jenen, die darüber hinaus das *wabi* besaßen. Die ersten nannte man *sukisha* oder auch *chanoyu-mono,* die zweiten aber *wabi-*Meister, *wabi-sukisha.* Der Ausdruck *suki* bedeutet eine ›Vorliebe haben und sich ganz dieser Vorliebe hingeben‹. Er ersetzte einen vorher gebrauchten Ausdruck, *monogonomi,* der ursprünglich wohl im gleichen Sinne verwendet worden war, aber im Verlaufe der Zeit einen Beigeschmack bekommen hatte und mehr und mehr auf den Dilettanten bezogen wurde. Das *suki* war zunächst nicht auf den Tee-Weg beschränkt, auch die Anhänger anderer Künste wurden als *sukisha* bezeichnet. In der späteren Zeit blieb der Begriff jedoch mehr oder weniger am Tee hängen. Und man nannte den Tee-Weg selbst *sukidô* und seine Jünger *sukisha* oder *sukibito* und den Tee-Raum *sukiya.*

Mit der Entwicklung des Tee-Weges wandelt sich natürlich auch der Gehalt des Begriffes *suki.* Mit einer bloßen Vorliebe und einer Hingabe an diese war es nicht mehr getan. Diese Vorliebe steigerte sich in eine wahre Begeisterung für selten schönes Tee-Gerät, und es entstand eine Sammlerleidenschaft daraus. Das alles hatte natürlich mit der wahren Haltung auf dem Tee-Weg nichts mehr zu tun. Wir haben aus den Äußerungen der verschiedenen Meister gesehen, daß ein wahrer Anhänger der Tee-Lehre so etwas entschieden ablehnt. Vielerlei Kritiken werden in den verschiedenen Schriften geäußert, die anzuführen wir uns ersparen wollen. Der wahre Gehalt des *suki* umfaßt nicht so sehr eine Vorliebe für als vielmehr eine wahre Liebe der Dinge, die ihrem Wesen nach das verkörpern, was auch das innere Verlangen des wahren Tee-Menschen ist: Ehrfurcht, Harmonie, Reinheit und Stille. Dabei aber soll die Ehrfurcht nicht durch den Wert oder die Seltenheit, die Harmonie nicht durch eine Symmetrie, die Reinheit nicht durch eine bloße Reinigung und die Stille nicht durch eine künstliche Erstarrung ersetzt werden. »Wenn man also das Wort *suki* im Sinne ›Liebhaber von etwas Modischem‹ gebraucht und somit eine Neigung zu den Dingen vorhanden ist, dann weicht dies von den Grundgedanken des Tee-Weges entschieden ab.« So spricht das *Zencharoku*, und an anderer Stelle betont es: »Als Mensch in der Welt nicht verhaftet sein und dem Irdischen nicht nachgehen, Freude an der Ablehnung des Vollkommenen und an der eignen Armut empfinden, einen solchen Menschen in einem einsamen Hüttlein nennt man einen, der *suki* besitzt ... so gleicht *suki* also, weil es die Neigung, die Dinge in ihrer Gesamtheit un-

vollkommen zu lassen, beinhaltet, dem oben dargestellten *wabi* und erfreut sich an einer Armut in
Reinheit, bietet gierigen Lüsten Einhalt und steht
den (Mönchs)regeln sehr nahe.«

Damit aber dürfte die Begriffswelt des *sukiya*
umrissen sein. Es ist und soll nicht mehr sein als
eine bescheidene Einsiedelei, ein Grashüttlein, *sôan*,
eines Menschen, der ein feines künstlerisches
Empfinden im Sinne des *wabi* und *sabi* besitzt, dessen Grundlage das Eins-Sein mit der Natur ist, aus
dem heraus allein die letzte Erkenntnis kommen
kann. Und wenn wir daneben als Bezeichnungen für
den Tee-Raum Ausdrücke wie »Hütte des Schöpferischen«, »Hütte des Unvollendeten«, »Hütte der
Leere« und ähnliche finden, so haben diese alle die
gleiche Grundhaltung.

»Klause im Bergdorf«, »Verborgenes Berghütt-
lein« oder »Klause in der Hauptstadt« – auch diese
Namen von Tee-Räumen vergangener Zeiten
betonen den Charakter, der bei dem Tee-Raum vor-
herrschend ist, den einer Einsiedelei. Das Gefühl
der Abgeschlossenheit vom Hasten der Welt, eine
still-beschauliche Einsamkeit spricht aus der ganzen
Anlage. Und es wird noch betont durch die Lage
des Tee-Raums in der Geborgenheit des Tee-Gartens. Etwas von der besonderen Stimmung einer solchen Einsiedelei vermittelt uns das *Tôgeniji*. Dort
wird eine einsame Klause geschildert, die sich der
Fürst von Mito, Tokugawa Mitsukuni (1628–1700), gegen Ende seines Lebens errichtete, um da im stillen
Frieden der Natur ganz seinen Neigungen leben zu
können. Er nannte sein Hüttlein »Einsiedelei am

Westberg«. »Die Einsiedelei vom Westberg ist ein besonderer Platz. Das Vordach ist mit Schilfrohr abgedeckt, aber darauf wuchert ›Shibakiri‹-Gras. Am Zaun des Tores rankt sich Efeu empor, und allein auf der Vorderseite ist ein Stückchen Bambuszaun. Nach den anderen Seiten lehnt sich die Einsiedelei an den Berg, nichts ist da, was man als Zaun bezeichnen könnte. Das Rauschen des Wassers eines am Fuße eines Felsplateaus entspringenden Quells klingt hell ins Ohr. Es vermochte die Ohren eines Menschen dieser irdischen Welt wohl zu reinigen . . .«

Der Tee-Raum atmet eine vollendete Einfachheit und Reinheit zugleich. Er ist persönlichster Ausdruck des Schöpfergeistes seines Meisters und zeigt dem Gast sein innerstes Wesen. Er spiegelt die Zen-Gedanken der Vergänglichkeit des Lebens und soll seinem ganzen Wesen nach nur eine vergängliche Zufluchtsstätte während des Erdenlebens sein, wie auch der Körper nur Hülle bleibt und vergänglich ist. Auch das Material, aus dem der Tee-Raum entsteht, ist von einer natürlichen Schlichtheit. Bambus, Holz, Lehm, Schilf und Stroh – vergängliche Dinge der Natur – werden verwendet. Die Ungleichheit herrscht vor und zaubert eine natürliche Unvollkommenheit. Die Wände sind aus Lehm und zumeist in einer ruhigen Farbe gestrichen. Im Unterteil sind sie manchmal mit Papier beklebt – alte Briefe, Kalligraphien, Holzdrucke von Büchern verwendet man dazu. In seiner ganzen Anlage bleibt der Tee-Raum unvollkommen – mit anderen Worten: vollendet-unvollendet. Auch das verrät Zen-

Geist. Wir werden dies bei der folgenden Betrachtung über die Malerei im Tee-Raum deutlicher erkennen. In der Architektur kommt der beachtenswerte Unterschied zwischen der neuen, eben durch den Zen-Geist beeinflußten und der altüberlieferten japanischen Geisteshaltung, die sich gern den Gesetzen der Symmetrie fügte und diese – viele Bauwerke zeigen es uns – bewunderte, zum Ausdruck. Die Zen-Lehre und mit ihr auch der Tee-Weg schätzen die Asymmetrie, denn nur diese ist frei von Wiederholungen und fördert somit die schöpferische Entwicklung. Außerdem fühlt man in der Symmetrie zu stark das Moment der Vollendung, die ja unerwünscht ist. Eine jedwede Wiederholung erscheint gleichzeitig als Vollendung oder zumindest als Begrenzung. Hier ist auch der Grund zu suchen, daß man im Tee-Raum verschiedene Hölzer verwendet. Der Pfosten der Bildnische ist aus einem anderen Holz als die Tragpfeiler des Raumes oder die Rahmen der Schiebetüren und -fenster, die mit weißem Reispapier beklebt werden. Zwei Eingänge führen in den Tee-Raum, einer für den Gastgeber und ein anderer, niedrig gehaltener, für die Gäste, *nijiriguchi*. Im Gegensatz zu dem japanischen Wohnbau mit seinen großen Schiebefenstern besitzt der Tee-Raum nur kleine Fenster, die kaum einen Ausblick gewähren. Nur so kann diese abgeschlossene Atmosphäre entstehen, die eben jene eigene Welt fern des Alltags schafft. So findet man überall ein Streben nach Vollendung, nach einer Vollendung, die aber das Letzte offenläßt – erst der Betrachter, wenn gleichgesinnt, kann es vollenden.

Der Tee-Raum ist leer, wenn ihn die Gäste betreten. Gerät und Schmuck werden erst in den Raum gebracht, wenn sie schon anwesend sind. Sie werden auch in der Anwesenheit der Gäste nach Beendigung der Zeremonie wieder entfernt. Zurück bleibt wieder nur die »Leere«. Es geschieht im Verlaufe der Tee-Zeremonie nichts, was auf irgendeine bewußte Steigerung hindrängt – gleichmäßig und unbetont ist ihr Verlauf. Die Gäste schreiten, wie wir gesehen hatten, den Gartenpfad heran, betreten die »Leere« des Tee-Raums und schreiten nach Ende der Zeremonie über den Gartenpfad wieder hinweg, die »Leere« zurücklassend. Diese »Leere« ist aber gleichzeitig das Allumfassende, nur durch sie kann der Tee-Jünger die letzte Wahrheit erlangen.

Erkenntnisbaum – nicht existiert dergleichen
Noch auch ein Spiegel auf dem Gestell,
Nichts gibt es überhaupt, das wirklich wäre,
Wie denn nun sollt' auf etwas Staub sich setzen.

Zum Tee-Raum leitet die Gäste der Gartenpfad, *roji*, der durch den Tee-Garten führt. Dieser Pfad ist gleichsam Symbol der ganzen Tee-Lehre. Meister Rikyû war es vor allem, der eine besondere Betonung auf die Ausgestaltung des *roji* legte. Er nannte sogar seine ganze Lehre »Tee-Weg des grasbewachsenen Hüttleins am taubedeckten Pfad«, *roji-sôan no chadô*. Hierin verrät er seine Grundeinstellung: die große Liebe zum All in seiner vielgestaltigen und doch einfachen Schönheit, die sich am Morgen zeigt, wenn der helle Tau, das Symbol der Reinheit, auf dem Moos des Pfades schimmert und am Strohdach der Hütte hängt, zugleich an die Vergänglichkeit mahnend.

Ein verborgener Quell ergießt sein klares Wasser in ein Steinbecken, oder ein Wasserlauf durchzieht den Garten, die Kiesel auf seinem Grund schimmern durch die kristallne Klarheit des Wassers herauf. Ein paar Bäume, die sich im Herbst in ein Brokatgewand kleiden, stehen am Pfade oder neben dem Tee-Raum. Gruppen grotesk geformter Felsen ragen hier und da aus dem Buschwerk. Dichtes grünes Moos oder Flechten bedecken den Boden. Nur die Trittsteine bleiben frei, dem Wanderer den Weg durch diese lebendig-verschwiegene Welt nach dem Tee-Raum weisend. Felsgruppen, Wasserlauf, das dichte Moos erinnern an die Bergeinsamkeit, in der die alten Zen-Tempel stehen. Fern der Welt! – diese Atmosphäre sollte geschaffen werden. Die Anlage eines Tee-Gartens ist bestens geeignet, dem Gast zu zeigen, ob seinem Schöpfer die Begriffe *wabi* und *sabi* eigen sind. Der Gartenpfad ist nicht nur in einem Sinne der Weg zu der Welt des Tees: Er schafft auch die innere Bereitschaft des Herzens, er ist, symbolisch gesehen, die erste Stufe auf dem Wege der Erleuchtung. Hier beginnt die Versenkung, hier wird das Herz geläutert, und das große Vergessen ergreift Besitz von dem Menschen. Bei einem jeden Schritt auf dem Gartenpfad verliert sein Herz das Verhaftetsein mit der Welt.

Die Schönheit des Gartens muß so erschaffen sein, daß man sie nicht bewußt aufnimmt. Sie muß einfach da sein, das Herz voll erfüllen, ohne einen Gedanken an ihr Dasein aufkommen zu lassen. Die Harmonie der Gesamtanlage muß unser Herz in ihr Schwingen mit einbeziehen.

Den Garten begrenzt oft eine Gartenmauer, die Trennung von der Alltagswelt noch deutlicher betonend. Stimmungsvoll ist, wie Ikenaga Sôsaku schreibt, eine einfache Lehmmauer, so wie solche oft einsame Berg-Tempel umfrieden. Je nach den Tee-Schulen kennt man auch einen äußeren und einen inneren *roji*, die dann durch ein Tor voneinander getrennt sind. Am äußeren Gartenpfad liegt das in der Einführung beschriebene Wartehäuslein, *machiai*. Auch die Art der Gartenanlagen ist nach den Tee-Schulen verschieden, – aber diese Verschiedenheit ist nicht mehr als eine solche der Form, das Wesen des Gartens wird davon kaum berührt. Es folgt den gleichen Gesetzen in fast allen Fällen. Als überragender Meister in der Anlage von Tee-Gärten galt Kobori Enshû, und viele seiner Schöpfungen sind der Nachwelt erhalten geblieben. Lassen wir noch einmal das *Zencharoku* sprechen mit seiner Deutung von Tee-Raum und Tee-Garten:

Der Gartenpfad

Wenden wir unsere Aufmerksamkeit den Tee-Gärten in der gegenwärtigen Welt zu, so weichen diese, auch wenn sie von einem »inneren« und »äußeren« Pfad sprechen, in Sinn und Bedeutung wesentlich ab. In der ursprünglichen Bedeutung des Wortes Gartenpfad, *roji*, las man aus dem *ro*, »in Erscheinung treten«, und aus dem *ji*, »Herz« heraus. Das hatte die Bedeutung, »die eigene Natur zu offenbaren«. Gartenpfad, das bedeutete, das ewige Leid der Welt insgesamt mit den Wurzeln auszureißen und die Buddha-Natur der ewigen Wahrheit und Wirklichkeit zu offenbaren. Man spricht auch vom »weißbetauten Pfad«, *hakuroji*, das ist das gleiche. »Weiß«, *haku*, bedeutet »vollkommen rein«. Kommt man von dieser Bedeutung her, dann hat man dem Tee-Raum in dem Sinne, daß er der Tempel ist, in dem sich die Buddha-Natur in uns offenbart, den Namen *roji* gegeben. Somit ist Gartenpfad eine andere Bezeichnung für den Tee-Raum ... Zwischen beiden gibt es keinen Unterschied. Auch nennt man den Tee-Raum eine »andere Welt« und setzt ihn so in Beziehung zu unserem eigenen Herzen.

Meister Rikyû schuf in seinen Tee-Gärten die gleiche Stimmung, die das schon angeführte Gedicht des Shukô ausspricht.

> Wohin ich auch schaue,
> Blumen und buntes Herbstlaub
> nicht einmal gibt es –
> ein Strohhüttlein an der Bucht
> beim Abendzwielicht im Herbst.

Diese Einsamkeit sucht der Meister. Diese Einsamkeit mögen dann seine Gäste mit ihm gemeinsam in einem reinen, unverhafteten Herzen genießen oder aber auch er selbst ganz allein. Kobori Enshû sucht die gleiche Einsamkeit und Stille auf andere Weise:

Blasser Abendmond!
Von fern her leuchtet das Meer
zwischen den Bäumen.

Dieses Zu-sich-Finden in einer solchen Stimmung
empfindet keiner stärker als der schon oft erwähnte
haikai-Dichter Matsuo Bashô, wenn er in sich ganz
des Herzens Klarheit werden fühlt:

Welch eine Stille!
In den Fels zirpt sich hinein
Zikadengezirp.

DER TEE-WEG UND DIE BLUMEN

Im japanischen Leben nimmt die Kunst der Blu-
menordnung eine wichtige Stellung ein. Wie man
von einem Tee-Weg spricht, so kennt man auch
einen Weg der Blumen, *kadô.* Auf dem Blumen-Weg finden wir – wie auch auf anderen Wegen – verschiedene Schulen mit jeweils voneinander
abweichenden Vorschriften und Gesetzen. Die älteste Schule der Blumenkunst führt ihre Lehre in die
Zeit des Kronprinzen Shôtoku (572–621) zurück und
sieht in dem späteren Laienpriester Ono no Imoko,
der in der Hauptstadt Kyôto in der Nähe der Rok-
kakudô des Chôbô-Tempels lebte, den Urahn. Sein
Haus trug den Namen »Klause am Weiher«, *Ikenobô,* und wurde später zum Namen der ersten
Schule. Tatsache ist, daß sich diese Kunst in der Zeit
des Ashikaga-Shôgunats (14./15. Jahrhundert) ent-

wickelte und zu einer wirklichen Lehre wurde. Der Brauch, Blumen vor dem Buddha-Bild aufzustellen, war schon lange Zeit vorher bekannt. Die Werke der japanischen Literatur, Erzählungen und Tagebücher, berichten uns verschiedentlich darüber. Vor dem Buddha-Bild wurden Blumen, Weihrauch und Kerzenstand vereint. Und im *Konjaku-monogatari* wird berichtet, daß man in die Berge ging, um dort die Blumen der Jahreszeit zu brechen und sie zusammen mit dem Weihrauch dem Buddha in Verehrung darzubringen. Von diesem Brauch hatten wir auch bei den Tee-Wettstreiten gehört. Und die künstlerischen Berater des Ashikaga-Shôguns Yoshimasa, die Meister Nôami, Sôami und andere, hatten zumeist auch einen Ruf als Blumen-Meister. Die Entwicklung der Bildnische im japanischen Wohnbau brachte es dann mit sich, daß die Blumenanordnung dort einen würdigen Platz fand. Zunächst stand sie noch vor einem Buddha- oder Heiligenbild, später aber auch vor anderem Bildschmuck oder sogar allein. Jetzt bildete sich auch das vielgestaltige Regelwerk der *Ikenobô*-Schule aus. Leute aller Stände fanden an der Kunst Gefallen, und sie erlebte eine rasche Blüte, die durch die Entwicklung der Tee-Lehre noch gefördert wurde. Bis zu dem Auftreten der großen Tee-Meister beherrschte die Form der strengen Anordnung der Blumen, wie sie die *Ikenobô*-Schule vertrat, die Bildnische. Man nennt diese Art »Blumen aufstellen«, *rikka* oder *tatebana*. Strenge Regeln und ein stark betonter Symbolismus halten ihren Einzug. Wichtig ist bei einer jeden Anordnung die Wahrung der Dreiheit *shin, soe, tai.* Die Auslegung dieser Begriffe ist je nach den Schulen etwas verschieden, aber im Grundprinzip halten doch alle an den gleichen Grundbedeutungen fest. *Shin*, der aufragende, die Gesamtanordnung beherrschende Zweig, verkörpert die Wahrheit, den Himmel, Buddha selbst, *tai*, verkörpert den Leib, die Materie, den Menschen, zwischen beiden steht vermittelnd *soe*, Hilfe gewährend, die Wahrheit zu erreichen, der Bodhisattva. In einer Geheimüberlieferung der Tanigawa-Schule, im *Sendensho*, heißt es: »*Shin* betrachte man als Buddha, *soe* als helfende Gottheit und die untersten Gräser als den Menschen.« Als *shin* verwendet man stets eine die Jahreszeit stark betonende Blüte. An ihre Stelle kann auch ein Zweig treten. Unter dem Einfluß, der von der Tee-Lehre ausging, kommt man allmählich von der starken Betonung des *shin* ab. Man fordert, »es unvollkommen zu gestalten«. Man beginnt also auch hier, sich von der »auffallenden« Schönheit freizumachen.

Nachdem der Blumen-Weg auch unter den Bürgern bekannt und beliebt geworden war, hielt man die allzustrengen Regeln der *rikka*-Schulen nicht mehr genau ein. Es entwickelte sich eine neue Form dieser Kunst, die eine mehr natürliche Richtung vertrat. Sie wurde unter dem Namen *nageire* bekannt und fand rasch eine Beziehung zum Tee-Weg, dessen Idealen sie weit mehr entgegenkam als die *rikka*-Schulen. Die neue Richtung verwendete als Blumengefäße nicht mehr schwere, zum Teil bronzene Vasen, sondern sie wandte sich einfachen aus Bambus oder Bambusgeflecht hergestellten Blumengefäßen zu, die teils als Hänge- teils als Pfeilervasen ausgebildet waren. In solche Gefäße konnte man selbstverständlich die Blumen nicht in der strengen *rikka*-Art »aufstellen«. Hier mußte man sie einfach »hineingeben«, *nageire,* fast zufällig gruppieren. Es galt also jetzt nicht mehr das menschliche Planen mit all seinen Kunstgriffen, wie sie in der *rikka*-Schule notwendig waren, um die formale Gestaltung durchzuführen. An seine Stelle trat die Blume als Lebewesen. *Nageire* folgt einer Anordnung, die nach den Lebensgesetzen der Blume das Natürliche wiedergeben will. Der Mensch spielt hier nur noch eine Mittlerrolle. Es zeigt sich nun in der Blumenkunst fast der gleiche Wandel wie im Tee-Weg, der vom rein Formalen her zum Einfach-Natürlichen führt. Bei den Blumen wird »aufstellen«, *tateru,* durch »hineinfügen«, *nageireru,* ersetzt. Und dieses wandelt sich schließlich im Tee-Raum zu einem »lebend erhalten«, *ikeru.* Der heute für die Blumenanordnung verwendete Ausdruck *ikebana* zeigt es.

Nun dürfen wir aber bei diesen Betrachtungen nicht übersehen, daß die Tee-Meister letzthin doch eine andere Einstellung zu den Blumen hatten. Für die Blumen-Meister war die Anordnung der Blumen ein Endzweck. Für die Tee-Meister jedoch war die Anordnung nicht mehr als ein Teilstück in dem Gesamtgefüge der Tee-Zeremonie. Die Blumen, im Rahmen des Tee-Raumes nennt man ihre Anordnung »Tee-Blumen«, *chabana,* haben eine bestimmte Aufgabe zu erfüllen. Sie tragen die Jahreszeit in den Tee-Raum herein. Sie müssen also die

Natur, in der sie selbst leben, verkörpern. Sie müssen in ihrer Anordnung etwas von ihrem eignen Wesen verraten. Der sie anordnende Meister darf bei seiner Tätigkeit nicht mehr beim Handwerklichen verweilen. Sein Herz muß in der Blume sein, wenn es ihr Wesen erfassen will. Es ist nicht die Schönheit der Blume, die er durch seine Anordnung zeigen will; es ist die Blume als ein Mit-Wesen überhaupt. Daraus wird aber deutlich, daß die Anordnung der *chabana* eindeutig festgelegten Regeln gar nicht folgen kann, denn eine jede Blume fordert eine andere Anordnung von sich aus. Diese zu erfühlen ist die Hauptsache. Daneben muß der Meister natürlich beachten, daß die Blumen mit dem übrigen Teegerät nicht in Widerspruch stehen, daß sich alles harmonisch ineinanderfügt. Während der Blumen-Meister in der Hauptsache die Harmonie in der näheren Umgebung sucht, mit dem Raum, mit dem Hängebild und ähnlichem, sucht der Tee-Meister darüber hinaus noch durch die Blumen die Harmonie mit dem Fernen, dem All.

DER TEE-WEG UND DIE MALEREI

Wenn bei der Tee-Zeremonie keine Blumen zu finden sind, hängt in der Bildnische ein Hängebild, *kakemono*. Zumeist ist das Bild eine einfache Tuschzeichnung, manchmal jedoch ein leicht mit Farbe getöntes Bild. Auch in diesem Zusammenhang läßt sich von einem Einfluß des Tee-Weges sprechen, den dieser, über den Gebrauch von Malereien bei der Tee-Zeremonie hinweg, auf die Malkunst und auf die Wertschätzung der Schwarzweiß-Malerei vor allem hatte. Selbstverständlich steht auch hier die Zen-Lehre im Hintergrund.

Bei der Betrachtung der ostasiatischen Malerei stoßen wir als Europäer auf ähnliche Schwierigkeiten wie etwa beim Erlebnis einer Blumenanordnung. Wir empfinden Freude bei der Betrachtung eines japanischen Bildes, aber entspringt diese Freude wirklich tiefem Verstehen, innerstem Erlebnis? Wir erfreuen uns an den Formen, an ihrer Wahrnehmung und haben einen ausgesprochen ästhetischen Genuß, aber – vielleicht an einem Mißverstehen! Können wir wirklich das Kunstwerk mit den Augen eines Verstehenden schauen? Das bloße Wahrnehmen seiner Form, seiner Technik genügt nicht. Das »Verstehen« ist im Fernen Osten erst dann erfüllt, wenn wir den Nachklang verspüren, den ein Werk auslöst, das wirklich in seiner vollen Tiefe erfaßt wurde. Es gilt also, ein Bild zu »erschauen«, es im japanischen Sinne zu erfühlen. Wenn sich das Bild in einem japanischen Raum und daselbst wieder in der Bildnische befindet, wird das erleichtert. Der japanische Raum ist schmucklos. Das Auge wird nicht abgelenkt durch andere Dinge. Das Bild, die Blumen oder der Schmuckgegenstand in der Nische bleibt eindeutig im Mittelpunkt unserer Schau. Das Bild zeichnet in seinen Linien und Punkten eine Melodie auf. Es erwacht erst dann zum Leben, wenn es im Herzen seines Betrachters zu klingen beginnt. So schwingt, nach einer Erzählung von Lieh Tzu, die Melodie des Lautenspielers

Po Ya im Herzen seines Freundes mit. Es ist das gleiche Erlebnis. Man nennt es Nachklang, *yoin.*

Vorrang im Tee-Raum genießt die Tuschmalerei, das Schwarzweißbild. Doch gerade diese Art der Malerei ist voller Geheimnisse. Diese Bilder sind im wahrsten Sinne des Wortes Seelenspiegel ihrer Meister. Jeder Pinselzug, jede Linie, jeder Punkt, ja jede weiße, »leere« Fläche ist von Bedeutung. Die Gespräche der Zen-Meister mit ihren Schülern, denen sie durch ein Nicht-Erklären Klärung schaffen wollen, sind Wegweiser für die Noch-nicht-Wissenden. Nur die Überwindung jedweden geistigen Verhaftetseins macht reif für das Wunder der »Erleuchtung«. Auch die Tuschbilder sind nichts anderes als die Weitergabe von erlangten Erfahrungen an die Schüler. Die Darstellung eines Objektes auf dem Bild geschieht nicht seiner Form und Gestalt wegen. Der Meister will einzig und allein ein Erlebnis vermitteln; das »Eine«, das er, der Schauende, erfahren hat. Er versenkt sich ganz in dieses »Eine«, mag es Lotos, Bambus oder Kranich sein. Er erlebt das Wesen des Objekts und stellt es dar. Vollendet im Zen-Sinne aber kann sein Werk erst werden, wenn sein Schüler dadurch das »Eine«, das dem Werk innewohnt, erlebt. Kunstbetrachtung wird hier Meditation. Und in diesem Sinne ist die japanische Kunst »rahmenlos« – das heißt, ein Bild ist nicht begrenzt von einem Rahmen im körperlichen und auch geistigen Sinne. Das Bild stellt eine hohe Forderung an das »Mit-Tätigsein« seines Betrachters.

Ein ostasiatischer Meister hat einmal ausgesprochen, daß in jedem Stein ein Berg, in jedem Wassertropfen das Meer zu erblicken sei. Es ist also stets die kosmische Ganzheit, die erfaßt werden soll: das Erlebnis dieser kosmischen Ganzheit. Betrachten wir Bilder der Tuschmalerei, dann finden wir nicht diese oder jene Landschaft dargestellt, sondern Landschaft schlechthin, Landschaft als Erlebnis der Natur. Die Natur steht im ewigen Wandel, – also Erkenntnis des Lebensgesetzes. Auch der Mensch unterliegt dem Vergehen und Werden. Dieses Gefühl beherrscht auch die Tuschmalerei.

»Ohne Aufhören ist des dahinfließenden Flusses Strom, und doch ist ursprünglich nicht sein Wasser. Der auf stillstehenden Wassern schwimmende Schaum, bald schwindend, bald sich häufend, bestehen bleibt er nicht lange. Mit den Menschen dieser Welt und ihren Wohnstätten ist es gleichermaßen.«

»Würde man immerzu leben und nicht hinschwinden wie der Tau auf dem Adashi-Feld und verwehen wie der Rauch über dem Toribe-Berg, wie könnte man jene wehmutsvolle Stimmung in allen Dingen erfühlen? Die Unbeständigkeit der Welt ist es doch, die sie so schön macht.«

> Des Herbstes Nahen
> mit den Augen nicht deutlich
> noch zu erkennen;
> doch die Herbheit des Windes
> läßt es verwundert ahnen!

Die Maler suchen nach dem Wesen der Dinge, nach ihrem kosmischen Gebundensein, nicht aber nach der Form. So bleiben die Werke stets Spiegelungen eigener Erkenntnisstudien: Selbstbekenntnisse. Diese Wertung muß man den echten Bildern der Tuschmalerei zugestehen. Sie sind Schöpfungen in der Art des Tee-Raums; einzig und allein für den Schöpfer selbst bestimmt, höchstens noch für ein paar »Wissende«. Sie sind durchaus subjektiv – geben Kunde vom innersten Wesen ihres Meisters, Kunde von seinen Schritten auf dem Wege.

Hier wird deutlich, daß die Tuschmalerei für den Tee-Weg wie geschaffen war. Die daneben bestehende objektive Malerei, Menschlichstes, wie es das Auge sieht, darstellend, verfolgt im Streben nach einer gewissen Originalität einen praktischen Zweck, ist also für den Tee-Menschen nicht brauchbar. Es kam bei einem Bilde genau wie beim Bau eines Tee-Raums auf das Vollendet-Unvollendete an. Okakura Kakuzô schreibt einmal: »Die dynamische Natur dieser Philosophie betonte mehr den Vorgang, durch den die Vollendung angestrebt wurde, und nicht die Vollendung selbst.« Wir finden deshalb auf den Tuschbildern das »Nicht-Ausgesprochene« ebenso häufig wie in Zen-Gesprächen. Ich habe beim Vorzeigen von Tuschbildern von Freunden oft die Meinung gehört, daß dies wohl nur »Skizzen« seien. Wir Europäer missen auf den Bildern das Füllende, das alles Aussagende. Daneben empfindet man das Fehlen einer Harmonie. Doch auch das ist bewußt, denn auch hier fürchtet man die Gefahr jener Begrenzung oder Wiederholung, die Vollendung bedeuten kann.

Der weiße, also der »leere« Raum auf dem

Tuschbild, *yohaku*, deutet auf jenes Nicht-Ausgesprochene hin, das Vollendet-Unvollendete. Hier liegt der Nachhall verborgen, der in der japanischen Dichtung eine ebenso wichtige Rolle spielt. Was der Pinsel nicht aufzeichnet, das muß der »Wissende« im Herzen erfühlen. Dort wird das Bild, das Gedicht, die Blumenanordnung der Tee-Zeremonie vollendet. Finden wir Menschen auf Tuschbildern, so sind es Gestalten von Einsiedlern, Heiligen, Dichtern, Priestern – »Wissende« alle, die dem Irdischen kaum noch verhaftet sind. Von winziger Kleinheit in der Darstellung, sind sie ein Nebenbei, stehen nie im Vordergrund. Sie verkörpern Ruhendes, Sinnendes, das In-sich-Schauen. Diese Darstellungsarten entspringen der geistigen Haltung der Maler. Was ist der Mensch? Wer ist der Mensch? – Er ist nur ein winziges Teilchen im Raum des Ganzen, er bedeutet nichts. Hier wird er so zum bloßen Mittel, jenen Raum darzustellen.

Wenn man die Wertung der Tuschmalerei und Farbmalerei vom Tee-Weg aus betrachtet, so findet man in dem *Usoshû*, daß Farbmalerei für Blumen und Früchte angängig sei, Tuschmalerei aber allein zu gelten habe für Landschaft, Bambus und Bäume, ferne nebelverhangene Berge. Es wird weiter ausgeführt, daß das Unvollkommene dieser Schwarzweißmalerei dem Geiste des Tee-Weges besonders entspricht, da das Herz dem Betrachter Hilfe geben muß. »Auf dem Tuschbild da schaut hinter Bäumen eines Dorfes ein Tempelchen hervor, aus einem Wasserlauf Sandbänke und Stromschnellen, und die nicht sichtbar gemachte Landschaft empfindet man ernsthaft im Herzen« – daraus spricht die Haltung der Tee-Meister jener Zeit. Sie zeigt eine außerordentliche Wertschätzung der Tuschmalerei, wie sie aus dem China der Sung-Zeit nach Japan gebracht worden war. Aber die Wertschätzung geht nicht von einer kunstkritischen Einstellung aus, sondern ruht allein auf einer subjektiven Bild-Erfahrung. Man schätzt nicht nur Bilder bedeutender Meister, also nicht den Namen. Maßgebend war, was die Bilder auszusagen hatten, ob sie das eigene Herz zum Tönen bringen konnten.

Amüsant ist in diesem Zusammenhange eine Geschichte, die von Dôan, dem Sohne Rikyûs, erzählt wird. Er schrieb einst unter ein Bild »Fische im klaren Wasser«. Auf der Bildfläche aber war nichts dargestellt, nur die Leere des weißen Papiers war geblieben. Das ist die äußerste Verwirklichung im Sinne von »das Unvollendete im Herzen vollenden«.

Besonders geschätzt wurden die oben schon erwähnten *bokuseki*. Also mit anderen Worten Kalligraphien, die man als Rollbild aufziehen ließ. Hier denke man daran, daß im Fernen Osten die Wörter »Schreiben« und »Malen« durch das gleiche Schriftzeichen ausgedrückt werden. Schreibmittel sind Pinsel und Tusche. Auch die Pinseltechnik als solche geht auf den gleichen Ursprung kalligraphischer Gesetze zurück. Neben den *bokuseki* schätzte man dann vor allem die Meister- oder Priesterporträts, *chinsô*, die sich aber von der Porträtmalerei der objektiven Malerei, *nise'e*, stärkstens unterschied. Beide wurden gern als »Siegel«-Dokumente verwendet. Durch die Verleihung eines »Siegels«, *inka*, drückte der Meister dem Schüler gegenüber seine Anerkennung der Leistung aus und erteilte ihm einen Meisternamen.

Die Tee-Meister der Zeit – das darf man abschließend sagen – kannten keine Rücksicht auf den Zeitgeschmack, keine auf den Namen des Malers. Es ist auffällig, daß in Japan die Tuschmalerei erst dann zu verflachen begann, als sie den Händen der Zen-Priester und Tee-Meister entglitt und von Malern berufs- und erwerbsmäßig weitergeführt wurde. Von da an galt der Name, galt oft Schein mehr als Sein.

Wer die Schönheit des Mondes schauen will,
darf den Blick nicht an den weisenden Finger
heften!

DER TEE-WEG UND DER TEE-MENSCH

Der Tee-Weg ist nicht nur mit fast allen japanischen Künsten, sondern auch mit dem Leben überhaupt verbunden. Er verkörpert von außen her eine bestimmte Form des Ästhetizismus. Von innen ist er Lebens-, ja Weltanschauung. Neben den Einflüssen der Zen-Lehre spielte der Taoismus eine Rolle. Wenn ich im Verlaufe der Arbeit nicht gesondert auf den Taoismus hingewiesen habe, so aus dem Grunde, weil er in enger Bindung mit der Zen-Lehre nach Japan kam. Viele seiner Gedanken hatten schon Eingang in die Zen-Lehre gefunden.

Taoistisch beeinflußt mögen besonders verschiedene Gesetze für die Handhabung des Teegerätes sein. Sie heben gewissermaßen den Widerstand der Dinge auf. Es ist schwer zu beschreiben, man empfindet es aber sofort, wenn ein Japaner zum Beispiel die Teeschale ergreift. Die linke Hand stützt diese, die rechte Hand faßt die Schale so, daß man das Gefühl hat, Hand und Schale werden zur Einheit. Die Hand schmiegt sich an die Schale und die Schale in die Hand. Hier scheint das Nicht-Wirken, das *wu-wei* der taoistischen Lehre, seine Gegenständlichkeit gefunden zu haben.

In den Einflüssen beider Lehren können wir den Grund sehen, daß es kein eigentliches Lehrsystem für den Tee-Weg gibt. Regeln für die Reihenfolge der einzelnen Handlungen, für die Form dieser Handlungen geben noch kein Lehrgebäude für den geistigen Gehalt des Tee-Wegs. Und wenn man versucht, ein solches nach den Gesetzen unserer Logik aufzubauen, dann erkennt man sehr bald, daß nichts bleibt. Man zerredet nur das Wesentliche. Wesentliches aber liegt in der Tee-Lehre, das beweist allein ihr Dasein und ihre Geschichte. Das beweisen auch die großen Tee-Meister, bedeutende Tee-Menschen, die ihre Lehre lebten. Der Tee-Weg ist ein Quell, aus dem der Mensch, vor allem der heute mehr denn je vom Alltag gehetzte Mensch, neue Kräfte schöpfen kann. Wohl ein Grund, daß im heutigen Japan besonders geschäftige Menschen, Großkaufleute, Politiker, dem Tee-Weg ergeben sind. Er gibt dem Menschen ein Gefühl des Freiseins, eine Freiheit, die Sicherheit ist. Er versetzt ihn in einen Zustand, wo Irdisches bedeutungslos wird. Die strengen Regeln und Gesetze, die der Ausübende beherrschen muß, die fest bestimmte Reihenfolge des Ablaufs der einzelnen Geschehnisse sind die Grundlage des Gefühls jener Freiheit. Sie tritt dann ein, wenn der den Tee-Weg Ausübende im Herzen frei von ihnen geworden ist, wenn er selbst Gesetz und das Gesetz er geworden ist. In dem letzten Erfassen, Erfahren dieser Grundlehren müssen wir auch das erkennen, was die Tee-Lehre als geheime Überlieferung, *hiden*, bezeichnet, die jeweils vom Meister einer Schule seinem geistigen Erben, also dem künftigen Lehrer der Lehr-Tradition, übergeben wird. Die wahre Geheimlehre hat nichts mit den äußeren Formen gemein, die sie überliefert. Diese sind nur im buddhistischen Sinne Hilfsmittel, um den inneren Gehalt, der nicht ausgesprochen werden kann, leichter zu erfahren. In der Tuschmalerei ist die Gestalt eines Menschen auch nur im Bild vorhanden, um den nicht darstellbaren Raum durch ein Gegenüber greifbar zu machen.

In den Grundhaltungen des Tee-Wegs liegen aber auch japanische Ureigenschaften. Die Liebe zur Reinheit, zur Natur, zur Stille und zur Einfachheit – all diese Eigenschaften besitzt der Japaner an sich. Im Tee-Weg werden sie auf einer philosophisch-religiösen Basis übersteigert, über den Menschen hinausgeführt, so daß dieser selbst in eine Mit-Einbezogenheit gerät. Er wird ein Teil des Tee-Wegs, wird also selbst »Werkstück« eigener Schöpfung.

In der Gegenwart finden wir die rein ästhetische Seite des Tee-Weges oft übersteigert. Damit verliert der Weg einen Teil seiner Echtheit. Der Kern des *kei-wa-sei-jaku* geht verloren, diese Bereitschaft gegeneinander, die in einer vollkommenen Hingabe an das Ganze ruht, die Wohlwollen und Güte atmet und der die ästhetische Ausrichtung nur die äußere Form gibt. Es soll nicht die Form, sondern die Persönlichkeit des Gastgebers und sein von Herzen kommendes Wohlwollen den Gästen gegenüber Hauptsache sein. Der Tee-Raum kennt nicht Vornehm und Gering, er kennt nur Wissende und Nicht-Wissende. Die niedere Eingangstür, *nijiriguchi*, des Tee-Raums zwingt einen jeden der Gäste auf die Knie. Demutsvoll muß man den Raum betreten. Und die Gäste sind dem Gastgeber alle gleich lieb und wert. Es darf keine Wertschätzung nach Rang und Stand geben. Hier liegt ein wahrhaft demokratisches Element im Tee-Weg. Ich muß an eine Geschichte denken, die Fukukita Yasunosuke in seinem Buch *Chanoyu* von dem bejahrten Baron Takashi Masuda erzählt.

Baron Masuda war einst von einem einfachen Handwerker, der in einer Vorstadt Tôkyôs lebte, zu einer Tee-Zeremonie gebeten worden. Er hatte zugesagt und machte sich an dem festgesetzten Tage auf den Weg. Er mußte seine Riksha schon vorzeitig verlassen, da die Gassen, die zum Hause seines Gastgebers führten, selbst für dieses Gefährt zu schmal waren. Als er an einem öffentlichen Brunnen vorüberkam, an dem ein einfacher Mann einen Fisch wusch, fragte er diesen nach dem Haus, das er suchte. Es stellte sich heraus, daß eben dieser Mann der Gastgeber war. Er begleitete seinen Gast nach seinem sehr bescheidenen Hause. Baron Masuda war der einzige Gast. Der Raum war ein Zweimatten-Zimmer. Während der Wirt den Fisch zubereitete, mußte der Gast sich gedulden. Dann aber bekam er ein zwar einfaches, aber mit großer Liebe und Sorgfalt zubereitetes Mahl vorgesetzt. Das Geschirr war schlicht, billig, aber von einem aufrichtigen Geschmack. Nach einer Pause wurde der Gast dann in einen etwas größeren Raum gebeten, wo er den Tee angeboten erhielt. Das Teegerät war ebenfalls einfach und bescheiden, aber mit einem so feinen Gefühl zusammengestellt und so ganz der einfach-schlichten Haltung des Gastgebers entsprechend, der auch mit bescheidenem Stolz seine gleichfalls einfache Geschichte erklärte und so mit seinem Gaste Unterhaltung pflegte.

Hier verbeugte sich der Millionär und Adlige vor dem einfachen Handwerker, und sie fanden zusammen bei einer Schale Tee. Eine gute Geschichte, um die Kraft des Tee-Weges aufzuzeigen. Der Millionär, der in seinem Besitztum mehrere Tee-Räume hat, der Teegerät eines Kobori Enshû sein eigen nennt, findet sich hier mit einem einfachen Handwerker in einer Seitengasse einer Tôkyô-Vorstadt zusammen, der nicht einmal einen Tee-Raum besitzt und dessen Teegerät nicht den Adel des Alters, sondern eine, man darf sagen, billige Schlichtheit verrät. Und sie sind beide nicht mehr und nicht weniger als einfach zwei Menschen, die sich auf dem gleichen Wege treffen. Sie treffen sich aber nicht nur bei einem Vorübergehen, sondern sie erleben das Eins-Sein, weil sie nichts anderes sind als ihr wahres, aufrichtiges Selbst, frei aller Hemmnisse.

Der Tee-Weg spielt also im Alltagsleben des Japaners auch heute eine Rolle. Er formt das Benehmen und die sittliche Haltung des Einzelmenschen in seiner Stellung in der menschlichen Gesellschaft, hat also auch auf die Lebensformen in der Familie einen Einfluß. Wir wollen hier nicht von den ästhetischen Momenten sprechen, die sich in der Architektur, Gartenkunst, im Alltagsgerät und selbst in der Kleidung widerspiegeln.

Gewiß ist der Tee-Weg nicht ein Weg vieler, wenn auch viele dem Weg folgen. Wenige Wissende nur erreichen sein letztes Ziel – sie finden im Tee-Weg den Weg zum wahren Selbst. Sie werden frei von der Sorge um die Vergänglichkeit alles Irdischen, sie nehmen teil am Ewigen, finden zurück zur Natur, weil sie im Einklang mit allen Lebewesen stehen.

> Vom Winde verweht,
> Der Rauch des Fuji-Berges
> Am Himmel entschwebt!
> Wohin sie gehen, wer weiß es,
> Meiner Gedanken Wünsche?
>
> *Saigyô Hôshi*

LITERATURVERZEICHNIS

Baltzer, F.: Das japanische Haus, Berlin 1903.

Benl, O., und Hammitzsch, H.: Japanische Geisteswelt, Baden-Baden 1956.

Berliner, A.: Der Teekult in Japan, Leipzig 1930.

Bohner, H.: Akaji Sôtei – Zen-Worte im Tee-Raum, Tôkyô 1943.

Fukukita Y.: Chanoyu, Tôkyô 1932.

Furuta, Sh.: »Zen no bunka«, in: Gendai Zen-kôza, Bd. 3, Tôkyô 1956.

Gulik, R. H. van: »The Lore of the Chinese Lute«, in: Monumenta Nipponica II/2, Tôkyô 1939.

Hammitzsch, H.: »Wegbericht aus den Jahren U-tatsu«, in: Sino-Japonica. Festschrift André Wedemeyer, Leipzig 1956.

Ders.: »Zum Begriff ›Weg‹ im Rahmen der japanischen Künste«, in: Nachrichten der Gesellschaft für Natur- und Völkerkunde Ostasiens 82, Wiesbaden 1957.

Ders.: »Zu den Begriffen *wabi* und *sabi* im Rahmen der japanischen Künste«, in: ebd. 85/86, Wiesbaden 1959.

Ders.: »Das Zencharoku des Jakuan Sôtaku. Eine Quellenschrift zum Tee-Weg«, in: Oriens Extremus 11/1, Wiesbaden 1964.

Ders.: s. O. Benl.

Iguchi, K.: Chadô-yôgo-jiten, Kyôto 1952.

Izuyama, Z.: »Zen to cha«, in: Chadô-zenshû Bd. 1.

Kitayama, J.: Metaphysik des Buddhismus, Berlin 1941.

Kuwata, T.: Nihon no chadô, Tôkyô 1954.

Ders.: Seami to Rikyû, Tôkyô 1956.

Ders., Hg.: Chadô-jiten, Tôkyô 1956.

Ders.: »Katagiri Sekishû«, in: Chadô-zenshû Bd. 11.

Morioka, A.: »Riku-u to Chakyô«, in: Chadô-zenshû Bd. 1.

Nishibori, I.: Nihon Chadô-shi, Osaka 1940.
Ders.: »Shukô-kenkyû«, in: Chadô-zenshû Bd. 5.
Okabe, K.: Shumi no chadô, Tôkyô 1930.
Okada, Sh.: Chami, Tôkyô 1951.
Sen, S.: O'cha no michishirube, Kyôto 1957.
Ders.: Ura-Senke Chanoyu, Kyôto 1957.
Suzuki, D. T.: Zen und die Kultur Japans, Stuttgart 1941.
Suzukida, K.: Chawa, Tôkyô 1952.
Tanaka, S.: »Wa-kei-sei-jaku no kai«, in: Chadô-zenshû
    Bd. 1.
Yoshida, T.: Japanische Architektur, Tübingen 1952.

Quellensammlungen:
Chadô-zenshû, Sogensha, Tôkyô 1935–36.
Gunsho-ruijû, Keizai-zasshiza, Tôkyô 1897–1902.
Zoku Gunsho-ruijû, ebd. 1923–30.
Nihon-kotenbungaku-taikei, Iwanami-shoten, ebd. 1957
    bis 1968.